构建"阳光国企"

非上市国有企业信息披露制度研究

郭媛媛 著

中国社会科学出版社

图书在版编目(CIP)数据

构建"阳光国企":非上市国有企业信息披露制度研究/郭媛媛著 . —北京:中国社会科学出版社,2015.3

ISBN 978 - 7 - 5161 - 5790 - 9

Ⅰ.①构…　Ⅱ.①郭…　Ⅲ.①国有企业—信息管理—研究—中国　Ⅳ.①F279.241

中国版本图书馆 CIP 数据核字(2015)第 059057 号

出 版 人	赵剑英
责任编辑	姜阿平
特约编辑	金　泓
责任校对	林福国
责任印制	张雪娇

出　　版	中国社会科学出版社
社　　址	北京鼓楼西大街甲 158 号 (邮编 100720)
网　　址	http://www.csspw.cn
发 行 部	010 - 84083685
门 市 部	010 - 84029450
经　　销	新华书店及其他书店

印　　刷	北京市大兴区新魏印刷厂
装　　订	廊坊市广阳区广增装订厂
版　　次	2015 年 3 月第 1 版
印　　次	2015 年 3 月第 1 印刷

开　　本	710×1000　1/16
印　　张	13
插　　页	2
字　　数	188 千字
定　　价	45.00 元

目　　录

导　　论

第一节　研究背景

改革开放以来，国有企业正逐步实现以行政化的企业治理体制为主导模式向以市场化的公司治理体制为主导模式的治理转变；与此同时，国有资产监管体制也相应发生变化。党的十八届三中全会提出"以管资本为主加强国有资产监管"，为国有企业监管指明了原则和方向。作为资本市场所有者监管资本的重要制度，信息披露制度在减少信息不对称和代理成本方面的作用已被广泛证明。行政报告制度可以看作中国国有企业强制性信息披露的雏形和起源，但这种信息披露的对象仅限于相关政府部门；企业社会责任报告和环境保护报告是近年国有企业尝试自愿性信息披露的主要内容，但这些信息披露内容缺少了与企业经营密切相关的财务信息。国有企业信息披露正在得到越来越多的关注，制定一个规范有效的信息披露制度对于实现以管资本为主加强国有资产监管、提升国有企业监管效率具有重要的意义和价值。

当前的国际竞争中所推崇的透明公开原则，必然要求想参与国际竞争的中国国有企业也要遵守这一游戏规则。一个"神秘"的，甚至"偷偷摸摸"的企业注定是不会被信任的企业，缺乏信任的基础合作也就无从谈起。中国国有企业的"神秘"已经成为影响国有企业形象的重要因素，也成为影响中国国家形象的重要原因之一（郭媛媛，2012）。正如世界著名咨询公司麦肯锡的分析报告明确指出，"中国国企就和中国本身一样，能否成为更好的国际合作伙伴，关键不在于其所有权的归属，而在于开放度、透明度"。

相比之下，西方国有企业的透明度要远远高于中国。在法国，国企的透明化已被明确为国企改革的九大原则之一；在英国，每年因为企业信息披露问题，受调查的案件都高达数百宗，有的甚至起诉至高等法院；在美国，尽管监管还存在瑕疵，但是，对于公司信息披露的法律条文，却从来没有缺少过（王文，1999）。国有企业的透明和公开问题已经不仅仅是一个关乎企业自身商业运营风险的问题，更成为关乎中国国有企业形象、中国国有企业改革成败、国有企业的社会责任以及增进中国与世界相互信任合作的关键。增进国有企业信息透明和公开的最有效的方式就是建立有效的信息披露制度。

上市公司作为一种世界范围内比较规范、管理科学的公司模式，它的所有者——众多股东对公司的监管主要就是通过不断建立加强信息披露和惩治违规行为的监控制度来实现的（郭媛媛，2012）。伯利和米恩斯（Berle & Means，1932）曾指出，剥夺股东在公司内部全部权力的最终结果，是将股东抛到公司之外的一个机构——公开市场。又因为《证券法》《证券交易法》等相关法律的发布和实施，使得这个公开市场上的公司被迫向公众披露真实、客观的信息，这些信息可以帮助会计师、律师、证券分析师、投资银行、评级机构等专业人士或机构充分发挥他们的专业特长分析信息，从而实现对上市公司的有效监督。作为非上市国有企业真正所有者的全体公民，对自己所拥有的企业的运营情况一无所知，无法监督自己所拥有企业的运营状况，这在以委托代理关系为基础的现代企业的经营管理中是不可想象的。这种因为缺少知情权和监督权而造成的信息不对称，必将为国有企业的经营者制造一个"有机可乘"的信息优势，使其可以在恰如"黑箱"一样的企业中经营，由于所有者和经营者的目标不一致，激励不相容，在缺少监督和公开透明环境下，"理性的经济人"很可能会追求自身利益最大化，这就有可能造成企业的经营者采取追求自己的利益而不顾或者损害企业的利益的行为。"只有阳光才可以预防细菌和腐败"，只有公开透明的监督才会最大化地减少由于信息不对称造成的代理问题和代理成本，因此，信息披露制度对于国有资产保值增值、对于国有资产的有效监督是非常重要的。

目前关于信息披露制度的相关研究主要都是围绕上市公司的，对于国有企业信息披露制度的研究不多。国际上在国有企业信息披露制度方面的实践主要体现在以下两个方面：（1）2004 年 12 月，OECD（经济合作发展组织）发布的《OECD 国有企业治理指引（草案）》中，对于非竞争性领域的国有企业或者是承担着公共社会政策义务的国有企业，要求它们执行比一般国有企业甚至比私有企业更高的信息披露标准。"因为公众是最终所有者，所以国有企业应该至少像公开交易的企业一样透明。所有的国有企业，无论它具有什么样的法律地位，即使它不上市，也都应该按照最高会计和审计标准进行报告（见《OECD 国有企业治理指引（草案）》注释 142 条）。"为响应 OECD 规则的要求，奥地利、澳大利亚等一些国家已经开始向公众公开了该国国有企业年度经营报告。（2）淡马锡控股公司（Temasek Hold-ings），是一家新加坡政府的投资公司，新加坡财政部对其拥有 100% 的股权。这家低调的新加坡"国资委"于 2004 年 10 月 12 日公布了成立 30 年来的首份年报，首次披露其投资组合。世界各国在国有企业信息披露制度方面的实践表明国有企业信息披露制度已经开始被越来越多的国家所认可①，国有企业信息披露制度的建立和实施是世界各国对国有企业进行有效监督和控制的一种尝试。

在中国，已经开始有一些学者和企业界人士提出了建立国有企业信息披露制度的要求，关于国有企业信息透明化与公开化的建议越来越多，专栏 0—1 中梳理了近 10 年间，不同领域中的专家、学者和官员们对国有企业信息披露的建议和一些国有企业在信息披露制度方面

---

①　在瑞典的《政属公司外部财务报告指引》中明确了国有企业信息披露的要求，并且在其所有权实体的年度报告中反复强调"由于这些国有公司最终属于瑞典人民，所以公开且专业地披露其信息、保证透明度是一项民主诉求，所以政府认为这些国有公司至少应该像上市公司那样透明"。参见 2003 年瑞典国家政府机构《国有企业年度报告》，第 17 页。

的探索和实践情况。

专栏 0—1

探索国有企业信息披露的建议和实践

2004 年 8 月，作为国资委直管央企的中国诚通集团比照上市公司的要求，首开国有企业年报公开的先河，第一次公布了集团的汇总年报——《中国诚通控股公司 2003 年度报告》。报告包含了公司基本情况简介、会计数据和业务数据摘要、实收资本变动及控股子公司情况、董事及高管人员与员工情况、公司治理结构、重要事项及财务报告共 7 个方面的数据与信息。中国诚通集团是中国第一家也是目前为止唯一一家主动公开披露其财务报告的非上市国有企业，该集团的董事长马正武这样解释他此举的初衷："国有企业的最终所有权是全民，因此国有企业提高透明度、增加信息披露，将有助于全民对国有企业的监督。"他还进一步建议："国资监管机构应该建立一整套的信息披露制度，要求所有不涉及国家安全领域的国企，都逐步实现规范的信息披露。"

自 2004 年以来，中央、各级省市政府陆续发布了一些关于披露产权交易、重大事项报告制度等方面的文件。这些都为国有企业信息披露制度的研究奠定了理论基础和积累了实践经验。

在 2005 年 3 月的"两会"上，作为全国人大代表的招商银行行长马蔚华曾建议设立《国有企业信息公开法》。他指出，"阳光是最好的防腐剂，应尽快制定国有企业的信息公开法，把国有企业置于广大人民群众的监督之下"。

2005 年，国有资产管理委员会主任李荣融曾经明确表示："没有透明度的保证，考核、评价、激励、约束就都没有可靠的依据，要提高出资人监管的有效性，就要提高所监管企业的透明度。""各级国资委要积极研究和探索，通过清产核资、外部监事会、企业重大事项报告制度等形式来提高透明度。"之后的 2006 年和 2008 年，李荣融曾经两度公开表示国资委将在近年公开国资委账簿，意味着作为国有资产管理的专门机构的国资委已经意识到国有企业信息披露的重要性，并且将其放到日程中来。

2009 年 3 月 12 日，台盟中央向即将召开的全国政协十一届二次会议递交提案，建议由国资委牵头，会同财政部、税务总局等部门，共同编制年度国有企业白皮书，并鼓励各级地方政府也发布所属重点国有企业年度白皮书。提案进一步说明，白皮书应主要包括宏观和微观两方面内容。宏观方面应阐述国有企业现状与趋势、国有企业发展战略、国有企业生产经营领域、国有企业总体盈亏等情况；微观方面即各个国有企业年度报告，包括企业业务性质变更、股权变更、高管薪酬、董事变更、财务报告、经营状况、企业捐赠等。台盟中央认为，由政府定期发布年度国有企业白皮书，既有利于统一国有企业的财务制度，加大公众和舆论的监督力度，也能起到增信释疑的作用。这一提案的出现进一步体现了广大人民群众希望尽快建立国有企业信息披露制度，使国有资产的经营透明公开的愿望和呼声。

世界著名咨询公司麦肯锡近期的分析报告明确指出，"中国国企就和中国本身一样，能否成为更好的国际合作伙伴，关键不在于其所有权的归属，而在于开放度、透明度"。中国国有企业透明公开势在必行。

资料来源：郭媛媛：《公开与透明：国有大企业信息披露制度研究》，经济管理出版社 2012 年版。

虽然，目前关于国有企业信息披露对于增加公司经营的透明度，增强公司经营监管的重要作用和意义已经基本达成了共识，但是并没有形成类似于上市公司信息披露制度的国有企业信息披露的相关法律法规，关于国有企业信息披露的思想只是散见于一些国家或地方颁布的关于国有企业某些情况的报告制度的文件中，国有企业信息披露制度系统化的研究成果并没有形成，国有企业的信息披露制度应该如何建设？应该披露哪些内容？应该如何监管？这些都是亟待解决的问题。因为国有企业中有一部分已经上市，这部分上市的国有企业必须遵守证券市场的相关规定进行严格信息披露，因此，本书将研究的对象界定为非上市国有企业，本书研究的目的就是从非上市国有企业信息披露的现状出发，通过借鉴国际上非上市国有企业信息披露制度和上市公司信息披露制度的经验启示，为我国非上市国有企业信息披露制度的实施提出一些对策和建议。

第二节 本书的理论意义和实际意义

本书的理论意义主要体现在以下三点：（1）结合中国国有企业公司治理转型的特殊情境，揭示信息披露制度在中国非上市国有企业监管机制中发挥作用的路径和机理；（2）借鉴上市公司信息披露制度及非上市国有企业信息披露制度的国际实践，归纳和提出中国非上市国有企业信息披露制度的关键要素；（3）依据国有企业多重目标导向和多层次委托—代理的独特性，综合非上市国有企业信息披露的主体、对象、内容、渠道和监管等方面特点，提出适合中国非上市国有企业信息披露制度实施的对策和建议。

本书的实际意义可以概括为以下三点：（1）有利于充分保障非上市国有企业所有者知情权，具有知情权的社会公众监督是国有资产监督机制的重要补充；（2）可以减少信息不对称，减少代理问题和"内部人控制"给国有资产带来的危害，有利于有效防止腐败，提升国有资产监督效率；（3）可以为我国非上市国有企业监督机制的提升和创新提供一种全新的战略思维模式和决策基础。

专栏 0—2

应尽快完善国企信息披露制度

近日，位列《财富》500 强第 187 位的央企——华润集团及其旗下的上市公司华润电力陷入风波之中。继华润集团董事长宋林被记者举报渎职后，华润电力小股东亦将华润电力 20 位董事告上香港法庭。目前该申请已经立案，并将于 8 月上旬开庭。

该起发生在 2010 年的收购案披露的信息寥寥，但被媒体曝出，收购山西金业资产及权益整体作价高达 100 多亿元。可是就在华润电力介入收购前不足 3 个月，前买主同煤集团与山西金业达成的这部分资产股价大约只有 52 亿元。此外，华润电力花费百亿收购的资产大多处于"撂荒"状态：煤矿沦为放羊场，焦化厂也开工不足。更令人诧异的是，山西金业诸多煤矿在证件已过期的情况下，却获得华润电力的顺利收购。如，原相煤矿被华润电力收购时，采矿许可证过期，红崖头和中社井田至今尚未取得该证。

对此，华润电力回应称，中社煤矿和红崖头煤矿早在 2003 年已获得了探矿权，后因山西地方政府进行煤矿资源整合，暂停办理探矿权转采矿权，但这并不影响探矿权的有效性，两家煤矿的采矿许可证正在办理中。至于公众关注的如此重大收购未予信息披露的问题，华润电力表示，2010 年收购山西金业资产的主体是太原华润，华润电力持股 49%，属于联营公司而非附属公司，因此并未披露详细收购情况。据报道，除华润电力外，另两大股东是中信信托占 31% 的股份、山西金业保留了 20% 的股权。

中国政法大学资本研究中心主任刘纪鹏认为，收购案中的股权安排充满了玄机，华润电力借此绕开信息披露。因为根据法律规定，必须把太原华润从华润电力的控股附属公司变为一般联营公司，才能回避法律上规定的披露制度。通过让中信信托代持 31% 的股权，来遮盖华润电力实际持有 50% 以上股份这一事实。通过如此操作，才可以从会计角度回避会计报表的完全合并，以避免太原华润连年亏损给华润电力造成的影响。

这起离奇的收购案从上市公司的法律角度似乎没有破绽。华润电力利用了上市公司相关法律的漏洞，不让中小股东知情，可能是不希望引发争议而导致收购夭折。目前，中纪委和监管机构已经介入调查，相信真相不久会被揭开。

华润电力成立于 2001 年 8 月，是华润集团的旗舰香港上市公司，也是国资委重要的电力公司之一。作为国企改革的探路者，华润电力本来应该很清楚现代企业管理制度，可是，为何此次收购资金占华润电力资产 10% 的大买卖，居然没有以规范的形式向股东公示？华润电力表面上没有违反上市公司的规定，但实际上却逃避了信息披露的责任，无法让公众信任。

华润电力除了是一家上市公司、符合上市公司的相关法律之外，更是一家央企，是国企中的佼佼者，应该承担国企的社会责任，全面、准确、清晰地定期披露企业经营管理等信息，自觉维护公众对国有企业的知情权、监督权和建议权。

目前我国的国企信息披露制度尚未正式确立，除了很少一部分上市国企按照资本市场的要求进行了公开信息披露外，大部分国企的信息披露制度仅限于对具有政府性质的监督主体。例如，对国资委和政府相关部门进行行政报告，而作为国企最终所有者的公众却很难获得国企的经营信息，大部分的国企经营处于"暗箱"之中，导致公众难以对国企进行有效的监督。

其实，从 20 世纪 90 年代开始，不少国家开始将信息披露制度作为国企监督的重要手段并已经取得较为积极的效果。例如，瑞典政府在《国有企业财务报告指南》中明确规定，国企必须按照斯德哥尔摩证券交易所推荐条例，提交年度报告、季度报告和经营报告，包含完整环境分析、财务目标、社会责任目标、董事会及高管薪金等内容，并在网上公布。瑞典工业部还规定国企即使没有上市，但其信息公开的程度不得低于上市公司。政府有关部门保管、接受和起草的有关国企的文件、资料，公众有权查阅。

试想，如果我国国企的信息披露制度完善，那么，华润电力的这起收购案就不会有那么多疑问，其中的"暗箱操作"就可以避免，比如，中信信托持有太原华润的股权是自持还是代持就不会是个秘密，也许华润电力亏损的收购就可以避免，国有资产也就不会流失。

　　此次华润电力收购案说明了信息披露的重要性，国企上市公司尚能规避信息披露，那些没上市的国企就更容易处于"黑箱"之中。应尽快完善国企的信息披露制度，在"阳光"照耀下，使国企经营中的违规行为无处藏身，这也有助于提升公众对国企的信任度和正面形象。

资料来源：夏金彪：《应尽快完善国企信息披露制度》，《中国经济时报》，2013 年7月 25 日，http：//www. ce. cn/cysc/yq/dt/201307/25/t20130725_ 826185. shtml。

第三节　研究对象的界定

　　本书将研究对象界定为非上市国有企业①，这类企业具有两大特征：全民性和非上市。全民性是指国有企业的生产资料属于全体人民共同所有，国家代表全体人民对国有企业的生产资料进行监管；非上市国有企业是相对于上市国有企业而言的，非上市国有企业因为不是上市公司，所以不会受到证券市场对上市公司相关法律法规的约束。本书的研究对象——非上市国有企业，正因为具有全民性和非上市这两大特征，向国有企业生产资料的所有者——全体社会公众进行信息披露就显得尤为重要和有意义。

第四节　研究方法

　　本书将采取演绎推理和归纳总结相结合、规范研究与实证研究相结合、定性分析和定量分析相结合的混合研究方法。具体研究思路如下：本书首先通过对信息披露相关理论的梳理和研究，剖析了

---

　　① 本书将国有企业按照是否上市分为两类：上市国有企业和非上市国有企业，因为上市的国有企业要按照证券市场中关于上市公司信息披露的相关规定进行规范的信息披露，因此，本书的研究对象是指非上市的国有企业。

信息披露产生的理论根源、作用路径和相关的内外部影响因素，为全书的研究提供了理论基础；其次，通过对 OECD 成员国家的非上市国有企业信息披露制度实践和中国上市公司信息披露实践的研究，为中国非上市国有企业信息披露研究提供了现实经验和启示；最后，通过对中国非上市国有企业信息披露现状分析，提出当前中国非上市国有企业信息披露存在的问题，基于前述的信息披露的理论基础和实践经验，提出完善和提升中国非上市国有企业信息披露制度的对策和建议。

第五节　本书章节安排

本书分为导论、正文、结束语三部分。

导论中主要介绍了本书的研究背景、研究理论意义和实际意义、研究对象的界定、研究方法以及本书章节安排。

正文部分分为六章。第一章相关理论研究综述。这一章主要分为两个小节，第一节关于信息披露相关理论的研究，其中从信息披露产生根源研究、信息披露作用路径研究以及信息披露与公司治理关系研究三个方面对现有的信息披露相关理论进行了梳理；第二节关于国有企业信息披露的相关研究，主要是围绕国外国有企业信息披露研究和中国国有企业信息披露研究两个方面展开论述的。第二章国有企业公司治理现状分析及非上市国有企业信息披露的必要性。这一章分为两个小节，第一节国有企业公司治理现状，通过对国有企业公司治理演进历程的梳理、国有企业公司治理特征的概括，提出了国有企业公司治理现存的问题；第二节非上市国有企业信息披露的必要性。第三章国外非上市国有企业信息披露的经验借鉴：以 OECD 成员国家为例。本章和第四章对中国上市公司信息披露制度的研究都是按照"规则——实践——经验启示"之逻辑顺序展开的，本章分为三个小节，第一节 OECD 成员国家国有企业信息披露的相关规定；第二节 OECD 成员国家国有企业信息披露的相关实践，

OECD 成员国家的调查研究报告中将国有企业信息披露的实践分为三类：事前信息披露、事后信息披露和总体信息披露；第三节 OECD 成员国家国有企业信息披露的经验借鉴与启示，从信息披露主体、信息披露对象、信息披露内容、信息披露渠道以及信息披露监管五个方面为中国非上市国有企业信息披露制度研究提供了可资借鉴的经验和启示。第四章中国上市公司信息披露制度的经验借鉴。本章同样按照"规则——实践——经验启示"顺序，分为三个小节，第一节中国上市公司信息披露的相关规定，主要从定期报告制度和临时报告制度两个角度剖析中国上市公司信息披露制度规定的构成情况；第二节中国上市公司信息披露的相关实践，从中国上市公司信息披露实践历程和现状评价两个方面对中国上市公司信息披露实践进行了全景分析；第三节中国上市公司信息披露的经验借鉴及启示，依然是从信息披露对象、信息披露内容、信息披露渠道和方式以及信息披露监管四个方面为中国非上市国有企业信息披露制度研究提供可资借鉴的经验和启示。第五章中国非上市国有企业信息披露现状分析及存在的问题。参照对 OECD 成员国家国有企业信息披露制度和上市公司信息披露制度研究的框架，本章主要是围绕"规定——实践——问题"顺序展开研究的，本章依然分为三节，第一节非上市国有企业信息披露的相关规定，以国资委成立作为坐标，将非上市国有企业信息披露的相关规定分为国资委成立前的规定和国资委成立后的相关规定；第二节中国非上市国有企业信息披露的相关实践，这部分从单个企业、地方和国家三个角度来描绘非上市国有企业信息披露实践情况，分别介绍了首家参照上市公司进行信息披露的非上市国有企业——诚通集团、深圳市国资委下属的六家非上市国有企业、国家国资委下属的 113 家非上市国有企业进行信息披露的情况；第三节中国非上市国有企业信息披露存在的主要问题，本节从信息披露主体、信息披露对象、信息披露内容、信息披露渠道方式和信息披露监管五个方面提出了非上市国有企业信息披露现存的需要改进和解决的问题。第六章非上市国有企业信息披露制度实施的对策和建议。该章提出了五方面的意见，即提升主体意识、明确披露范围、规范披露内容、便捷披露渠道以及加强内外监管。

结束语总结了全书，提出了未来研究的方向和展望。

第一章 相关理论研究综述[①]

所谓信息披露就是用公开的方式，通过一定的传播媒介，按照一定的格式要求，将公司财务状况、经营成果以及其他各种信息传递给信息的需求者（陈榕，2006）。所有权和经营权相分离所产生的委托代理关系和信息不对称是现代信息披露制度产生的理论根源，信号理论的经典模型揭示了信息披露制度中信息传递的路径，现代公司治理理论为信息披露制度的实施提供了内外部环境，同时信息披露制度提升和完善了现代公司治理的效率和效果。本章的重点就是通过对信息披露制度的理论起源、作用路径、与公司治理的关系以及国内外国有企业信息披露实践和理论研究的探析，为本书其他各章的研究提供理论基础和起点。

第一节 关于信息披露相关理论的研究

一 信息披露的产生根源

委托代理理论和信息不对称理论可以被认为是信息披露制度产生的理论根源。"委托代理理论"（Berle & Means，1933）的提出被认为是现代公司治理的逻辑起点。此后，学者们发现委托代理关系中代理人之所以可以利用自己的信息优势来欺骗处于信息劣势的委托人

---

① 本章部分内容参考了郭媛媛《公开与透明：国有大企业信息披露制度研究》，经济管理出版社 2012 年版，第 15—21 页。

（Jensen & Meckling，1976），源于两权分离后的委托代理关系中存在的信息不对称（Stiglitz、Akerlof & Spence，1970），正由于在经济活动中的各方所掌握的信息数量和内容不相同，代理成本也就相应产生了，而充分的信息披露是降低代理成本的有效措施。

事实上，委托代理关系可以理解为现代化大生产和商品经济发展的产物。因为在传统的企业制度下，产权主体是单一的、人格化的，企业主人具有绝对权威和完整的所有者权利，享有企业的全部经营成果并且对企业的债务负有无限的清偿责任。这种所有者和经营者合二为一、责权利完全融合在一起的状况下，是不存在委托代理关系的。随着企业规模的不断扩大，逐渐出现了企业的所有者和经营者相分离的情形，一部分企业所有者开始将其企业委托给非资产所有者经营管理时，现代企业制度中的委托代理关系开始出现了。委托代理关系中的委托人与代理人具有不同的效用函数，体现在委托人追求的是自身利益最大化，而代理人追求的是自己的工资津贴收入、奢侈品消费和闲暇时间最大化，因此两者之间的利益冲突是显而易见的。

对委托人和代理人目标效用函数不一致的关注可以追溯到 18 世纪末期，亚当·斯密首次关注到了这一点，他指出："当合资公司的管理者是非资产所有者时，我们不能期望他能像那些合伙公司的'伙伴'那样具备同样的警惕性，玩忽职守和随意挥霍将非常盛行……"① 20 世纪 30 年代，美国经济学家伯利和米恩斯（Berle & Means）因为洞悉了企业所有者兼为经营者的做法存在的巨大弊端，提出了"委托代理理论"，倡导所有权和经营权相分离，企业所有者保留剩余索取权，而将经营权让渡。"委托代理理论"的提出意义重大，该理论早已成为现代公司治理的逻辑起点。罗斯（Ross，1973）首次把委托者和代理者之间的问题称为"委托代理"问题，詹森和麦克林（Jesen & Meckling）（1976）开拓性地将这一理论应用于公司资本结构研究，并创新性地提

---

① 王福清：《基于委托代理理论的国有商业银行科层治理研究》，硕士学位论文，对外经济贸易大学，2006 年，第 26 页。

出了"代理成本"。

委托代理理论是制度经济学中契约理论的重要内容之一，该理论是建立在非对称信息博弈论的基础上。从信息经济学的角度解释，委托代理关系中的代理人即为拥有更多私人信息的参与者，委托人则是不拥有私人信息的参与者；换而言之，拥有信息优势的参与者为代理人，委托人所具有的则是信息劣势。

随着理论研究不断发展，学者们发现委托代理关系中代理人之所以可以利用自己的信息优势来欺骗处于信息劣势的委托人，源于两权分离后的委托代理关系中存在的信息不对称。信息不对称是指某些参与者拥有一些所有者不拥有的信息。信息的不对称性可以从两个角度进行划分：一是不对称信息发生的时间，二是不对称信息的内容。根据不对称信息发生的时间可以将其分为"事前不对称"和"事后不对称"，所谓"事前不对称"就是指不对称发生在契约当事人签约之前；而"事后不对称"是指不对称发生在契约当事人签约之后。研究事前不对称信息博弈的模型被称为逆向选择模型，而研究事后不对称信息博弈模型则被称为道德风险模型。根据不对称信息的内容可以将其划分为"隐藏行为型"和"隐藏知识型"，"隐藏行为型"是指不对称信息的内容是某些参与人的行为；"隐藏知识型"是指不对称信息的内容是某些参与人的知识。

信息不对称使得证券市场上的股票价格并不能真实地反映企业的经营状况，并且由于信息不对称导致了证券市场上的逆向选择和道德风险问题，加剧了证券市场的低效。具体地说，就是由于信息不对称的存在，处在证券市场上的投资人与筹资人所掌握的信息是不同的，不具备完全信息的投资者在购买股票时，因为无法根据完全信息对该股票价格进行判断，只能根据其历史价格和市场上的普遍行情出价，因此该价格往往围绕证券市场的平均价格上下波动。正如阿尔克罗夫所论述的"柠檬市场"的例子那样，那些股票的实际价值高于证券市场平均价格的公司筹资人一定不愿意接受投资人的出价，有可能会选择退出这个市场；而那些股票价值低于证券市场实际价格的公司则愿意进入证券市场，而证券市场的投资人为了降低投资风险，常常会压低自己的出价，最终导致的结果就是使得那些价值差的股票留在了股票市场上。证券市场多年的发展历史说明，解决这一"劣币驱逐良币"的恶性循环的唯一途径就是建立信息披露制度。信息披露制度的建立要求上市公司完整、真实、充分、及时地对公司经营状况的信息进行披露，保障投资者尽可能多地获取与投资决策相关的信息，为投资者的决策提供信息基础，从而也保障了证券市场的有序运行。

应飞虎（2002）将克服信息不对称的途径归纳为四种：第一，让信息优势者直接向信息劣势者提供信息；第二，由无利害关系的第三方提供信息；第三，由公权力机关提供信息；第四，由同行业的其他经营者提供信息。在这些途径的实现过程中，有效的制度设计起着关键作用[①]。当前上市公司所实施的信息披露制度正是通过让信息优势者直接向信息劣势者提供信息的方式减少委托人和代理人之间的信息不对称，从而最大化地减少代理问题和代理成本，因此，信息披露制度自从出现开始，就一直被作为克服信息不对称难题的一种有效的尝试和工具。

二　信息披露的作用路径

如前所述，信息披露产生的根源是委托代理关系和信息不对称，信息披露之所以会在两权分离的情况下能够最大化减少信息不对称，有力制约所有者由于道德风险和理性经济人自利所作出的损害所有者利益的行为，就是因为其通过信息的传递帮助原来处于信息劣势的所有者掌握了监管经营者所需要的必需信息。因此，我们对信息披露制度路径的研究始于信号理论。

香农－斯威尔（Shannon—swear）信息传递过程模型和拉斯威尔（Lasswell）信息传递模型是现有信号理论中的两个最经典的信号传递模型。

---

① 应飞虎：《信息失灵的制度克服研究》，博士学位论文，西南政法大学，2002 年，第 27 页。

图 1—1 是 Shannon—swear 信息传递过程模型，该模型归纳了传播过程的五个关键要素：信源、编码、信道、译码和信宿。该模型描绘了信息传递的过程，反映了噪声对信息传递过程的影响。该模型最大贡献就是提出了信息在传播中存在"噪声"干扰问题，但是该模型忽略了信息反馈环节，忽略了人、社会、传播环境以及信息内容等因素对信息的影响。

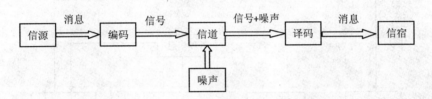

图 1—1　Shannon—swear 的信息传递过程模型

资料来源：王凤洲：《上市公司信息披露的理论和实践研究》，博士学位论文，武汉汽车工业大学，2000 年。

图 1—2 是拉斯威尔（Lasswell）提出的信息传递模型，该信息传递模型将信息的传播归为 5W，即传播者（who）、信息内容（what）、媒介（which）、受传者（whom）、效果（what effect），该模型描绘了信息传递的基本环节和要素，明确指出了信息传播过程中的最基本要素是传播者、信息内容、媒介和受传者。

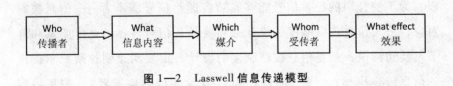

图 1—2　Lasswell 信息传递模型

资料来源：王凤洲：《上市公司信息披露的理论和实践研究》，博士学位论文，武汉汽车工业大学，2000 年。

信号理论对上市公司信息披露制度的设计产生了重要的影响，现有的上市公司信息披露制度的研究得益于信号理论的研究，特别是 Shannon—swear 信息传递过程模型和 Lasswell 信息传递模型。余芸春（2003）在以上模型的基础上提出了一个包含信息的生成、信息的鉴证与确认、信息的公开与传递、信息的分析与利用和信息反馈的上市公司信息披露制度框架（见图1—3）。

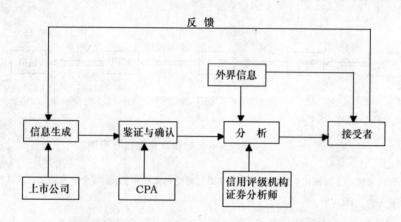

图1—3   上市公司信息披露制度的信号传递模型

资料来源：余芸春：《上市公司信息披露制度建设》，博士学位论文，中国社会科学院研究生院，2003年。

信号传递理论为分析信息披露制度作用路径提供了一个框架和模型，公司的信息披露过程就是一个公司各种经营信号向外界传递的过程，为了使公司的经营信号能够成功传递给信号需求者——信息披露对象，公司信息披露制度的设计必须要具备信号传递的基本要素和环节。换句话说，就是信息披露制度的设计一定要涵盖到拉斯威尔提出的信息传递模型的5W，明确信息传播者（信息生成者）、信息内容（编码的信息）、媒介的选择、信息披露的对象（受传者）以及信息传播的效果。此外，信息传播效果的控制需要考虑到香农－拉斯威尔在其信号传递模型中所提出的噪声干扰，在现实中的噪声有可能就是因为公司管理层源自"自利""自身利益最大化"等目的导致公司所传递信号不客观、不真实、不及时的行为。如何消除这些噪声的干扰，就涉及如何设计公司信息披露的监管制度，从而将管理层制造噪声影响信号准确真实的成本最大化，最大限度地降低管理层发布虚假信号的可能，保证信号的真实准确（郭媛媛，2012）。

公司的信息披露本质上就是一个信号传递的过程，公司的各种经营信息被编码成为信号，再通过一定的传递渠道送达给信息的需求者。在这个信号传递过程中公司经营信息的信号会因为各种外界因素和信息需求者接收信号的能力而受到所谓的噪声的干扰，噪声的干扰会降低信号的有效性，因此，信息披露制度必须设计一定的监管机制用来最大化地减少噪声对信号的干扰，提升信号的真实性和准确性，提升信号需求者接收信号的有效性。综上，现有的信号理论特别是经典的信号理论模型为信息披露制度的设计在揭示信息披露制度作用的路径的同时，提供了一个分析信息披露制度作用路径的基本理论模型。一个顺畅的信号传递过程包含信号的生成、媒介的选择、信号的接受和噪声的控制，这也为信息披露制度的分析和设计提供了一个基本的思路；一个健全的信息披露制度必须要包含信息披露的主体、信息披露的渠道和方式、信息披露的内容、信息披露对象以及相关的监管机制（郭媛媛，2012）。

三 信息披露与公司治理的关系

公司治理就是公司的资金提供者确保自己的投资可以获得回报的方式［史莱佛和韦斯尼（Shleifer and Vishny，1997）］。辛格尔斯（Zingales，1996）在 *Corporate Governance and the Theory of the Firm* 中将公司治理体制定义为影响在一种关系中所产生的准租金事后讨价还价的复杂的约束集合。所有权的配置、资本结构、经理激励方案、接管、董事会、机构投资者的压力、产品市场的竞争、劳动力市场的竞争、组织结构等等都可以被理解为制度，这些制度影响租金被分割的过程。这一体制的主要作用是通过初始性的契约而发挥作用的。但是，这一契约在绝大多数情况下将是不完全的，事实上，在每一种可能发生的偶然情况下，契约不可能完全地详述剩余的分配（因为偶然状态是不能预知的，这样做的成本可能太高或完全不可能）。在事前决策（当两方签订关系契约并且不可撤回的投资已经沉淀下来的时候）与事后决策（当准租金已经被分配的时候）之间，这一契约的不完全性产生了引人注意的差别。同时，这一契约的不完全性也为讨价还价创造了空间。辛格尔斯进一步指出对公司治理体制而言，两个必要条件是必需的。第一，这种关系必须产生一些准租金。在缺乏准租金的情况下，市场竞争的性质将会减少讨价还价的范围。第二，准租金在事前不能得到完美地分割，如果他们能够进行事前的分配，那么也就不存在任何讨价还价的余地了。综合起来看，公司治理体制的目标将是：（1）使价值强化投资的激励最大化，同时，使无效的"寻权"活动最小化；（2）使事后讨价还价的无效率最小化；（3）使任何"治理"风险最小化，并向最小的风险厌恶方分配剩余风险。[①]
丹尼、丹尼斯和约翰·麦康内（Diane K. Denis & John J. McConnell，2003）对 2003 年以前发表的关于不同国家的公司治理机制研究文献进行了系统的梳理，他们的研究视角是将公司治理机制分为内部机制和外部机制，内部治理机制主要包含董事会和股权结构，外部治理机制主要包含公司控制（接管市场）和法律制度。

综上，公司治理研究的最基本的问题，就是如何使企业的管理者在利用资本供给者提供的资产发挥资产用途的同时，承担起对资本供给者的责任。因此，利用公司治理结构和治理机制，明确不同公司利益相关者的权力、责任和影响，构建委托代理人之间激励兼容的制度安排，是提高企业战略决策能力，为投资者创造价值最大化的前提。

现有经验证明，信息披露制度对于企业产权实现和投资者利益的保护具有重要的作用。对于处于信息劣势的所有者和利益相关者而言，利用信息披露制度所获取的信息是保障其实施决策机制和监督机制的重要措施。根据经济学的相关理论，任何企业的契约关系都是不

---

① 辛格尔斯：《公司治理和企业理论》，秦海译，《产经通讯》（天则所咨询有限公司）1999 年第 12 期。

完全的，因此，就不能对代理人的所有行为进行全部的约束和控制，信息披露制度的建立恰巧可以弥补因为企业契约不完备带来的代理问题和风险，因此，信息披露制度对于完善公司治理具有重要意义。

由此可见，公司治理与信息披露制度存在着密切的关系。对公司治理含义的探析，可以帮助我们理解信息披露制度与现代公司治理制度之间的关系。我们认为，现代公司治理制度为信息披露制度提供了产生的基础，而信息披露制度提升了现代公司治理的水平和效果。公司治理的框架决定了信息披露的要求、内容和质量；而信息披露制度的完善程度直接关系到公司治理的成败（张连起，2003）。公司治理可以分成内部治理和外部治理两种形式。从图 1—4 可以看出，信息披露制度作为公司企业治理中的一项重要制度同时受到企业内部治理和外部治理两种制度的制约。公司的内部治理对信息披露制度的影响主要体现在企业的公司治理结构、所有权结构、管理方式对公司信息披露制度的影响。公司的治理结构和所有权结构决定了公司由谁管理、由谁所有，因此也就为信息披露的主体和信息披露对象的确定提供了依据。如果以上市公司为例，正因为上市公司拥有了广泛的股东，而大多数的中小股东由于精力、成本等各种因素所限并不能实时"用手"参与公司的管理，只好借助在证券市场上公开披露的信息进行"用脚"投票，从而实现对上市公司管理的监督。此外，上市公司中的信息披露管理机构的设置和运作对上市公司信息披露制度也有着非常重要的影响（郭媛媛，2012）。

公司的外部治理涵盖了资本市场、经理人市场和产品市场，本书所关注的是国家和有关机构对公司信息披露的各种法律法规构成的外部治理环境。对于上市公司来说，上市公司的信息披露制度要受到《证券法》《证券交易法》《经济法》《商法》等法律法规的约束，不论是深圳证券交易所还是上海证券交易所都在《证券交易所股票上市规则》中将"信息披露的基本原则及一般规定"作为一项非常重要的内容明确列示，并且对上市公司信息披露的内容、对象、方式和渠道等方面都作了详尽的规定。

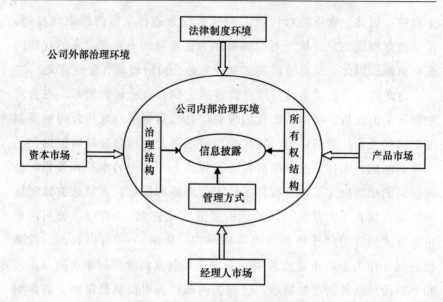

图 1—4　信息披露制度的影响因素

资料来源：郭媛媛，《公开与透明：国有大企业信息披露制度研究》，经济管理出版社2012 年版。

归纳和提出信息披露制度的内外部影响因素，可以为下文中国国有大企业信息披露制度的框架设计和支撑要素构建提供参考和借鉴。

第二节　关于国有企业信息披露的相关研究

一　国外国有企业信息披露研究

国外国有企业信息披露的相关研究比较少，但在实践中已经取得了一定的成果。按照国别，国有企业信息披露制度在国际上的实践可以分为两类主体：新加坡和 OECD 成员国。

（一）新加坡淡马锡公司①

新加坡淡马锡控股公司（Temasek Holdings）成立于 1974 年，是

---

① 以下关于淡马锡公司的基本情况部分内容参考了李为民《国有资产市场化经营的典范——新加坡淡马锡控股公司经营模式初探》，《企业管理》2000 年第 10 期；张婧《新加坡国有企业公司治理模式研究》，硕士学位论文，厦门大学，2009 年。

一家新加坡政府的投资公司，新加坡财政部对其拥有100%的股权。淡马锡控股公司是新加坡政府拥有全资的几家公司中知名度最高的，由于自成立以来到2004年9月为止从未公布过财务报表，曾一度被认为是新加坡最神秘的公司。该公司掌控了包括新加坡电信、新加坡航空、星展银行、新加坡地铁、新加坡港口、海皇航运、新加坡电力、吉宝集团和莱佛士饭店等几乎所有新加坡最重要、营业额最大的企业，曾有国外媒体估算，淡马锡控股所持有的股票市价占到整个新加坡股票市场的47%，可以说几乎主宰了新加坡的经济命脉。淡马锡控股除了投资新加坡本地市场外，也把亚洲市场和发达国家市场视为投资终点，目前大约一半的资产是在新加坡以外地区。其中主要的投资包括马来西亚电信、印度的 ICICI 银行、澳大利亚第二大电信公司 Optus、中国建设银行、中国民生银行。

2004年10月，该公司首次公布了2003年度的财务报表，这项举措被认为是为准备首次发行企业债券而做准备。报表显示，在过去的30年中，公司的总体投资回报率为18%，但是过去10年的回报率则只有3%。它的总资产达到900亿美元，是新加坡最大的企业。企业规模与美国通用电气、韩亚金融集团、德国西门子公司相当。在2003年的表现方面，公司的回报率则高达46%。国际两家评级机构标准普尔与穆迪投资都在2003年财务报表发表后给予淡马锡控股公司 AAA 的最高信用评级。2005年淡马锡控股公司发布了2004财政年度报告，该公司的投资组合价值上升了15%，从上一财政年度的900亿新加坡元飙升至1030亿新加坡元。该公司还在上一财政年度里新增了130亿新加坡元的投资，并将大约50亿新加坡元的证券变现。淡马锡控股公司在整个2004财政年度实现的运营利润达101亿新加坡元，比上一年度增长37%。

淡马锡控股公司年度报告的内容可以分成十一大类，具体包含：淡马锡概览；年度概要；投资组合摘要；致公司利益相关者；集团财务概要；投资回顾；建设体系；参与世界；扩展道路；淡马锡重点投资；我们的营运版图。

对于淡马锡控股公司公开年度报告，新加坡国内有两种声音。一种声音来自于淡马锡控股公司内部，淡马锡控股公司的发言人曾经宣称作为一家非上市公司，淡马锡控股公司本来没有义务公布其经营业绩，淡马锡控股公司年度报告的披露是为了配合 2005 年 9 月首次发售的全球债券而进行的财务公开，此外，淡马锡控股公司年度报告的公开也是他们谋求不断优化成为长期股东和积极投资者所作出的努力。另一种声音来自于批评者，他们认为作为政府财政储备的投资公司，淡马锡控股公司虽然是不上市的私人企业，却还是应该更加透明，除了公布财务报表外，还应遵循上市公司的惯例公布高层人事的薪水情况等。一些人担心，淡马锡公司参股了新加坡两家媒体——新加坡报业控股和新传媒，因此可能间接进行言论管制，目前这种保密的做法可能掩盖最上层管理人员的不当行为。

虽然不同的利益主体对新加坡淡马锡控股公司年度报告公开持有不同的态度和言论，但是可以看出，不论是淡马锡控股公司内部还是外部的批评者无疑在一点上已经达成了共识，即淡马锡控股公司年度经营报告的公开，可以使原来一些处于秘密状态的企业经营行为变得公开透明，可以减少上层管理人的不当行为，有利于淡马锡控股公司不断优化。如果更加深入地剖析这些对淡马锡控股公司公开年度报告的不同声音，则进一步印证了本书研究的基本前提假设，即公开透明的信息披露制度是公司治理监督机制中的核心和基础，只有加大信息披露的公开和透明程度，才会增加公司管理人员的违约成本，从而对其形成有力的约束，这样对于保护所有者的资产，对于公司资产的保值增值是大有裨益的。

（二）OECD 成员国

2005 年 5 月，OECD 在北京首次发布了《OECD 国有企业公司治理指引》（以下简称《指引》），从信息披露主体、信息披露内容、信息披露对象、信息披露渠道和信息披露监管等方面对国有企业信息透明和公开进行明确规定，成为 OECD 国家实施国有企业信息披露制度的纲领性文件。我们根据《指引》整理了关于信息披露的核心内容

（详见表 1—1）。

表 1—1　　　　　　　　　OECD 关于国有企业信息披露的规定

项目	OECD 的规定
信息披露主体	企业主体 所有权实体
信息披露内容	一　国有企业的义务和责任 二　重要信息 1. 向公众提供一个关于公司目标及其实现情况的清晰声明 2. 公司的所有权和选举权结构 3. 任何重大风险因素以及处理这些风险所采取的措施 4. 收到任何来自国家和以国有企业名义承诺的财务扶持，包括担保 5. 与相关实体的任何重大交易
信息披露对象	国家部门、公众
信息披露渠道	网站
信息披露监管	内部审计 外部审计

资料来源：笔者根据《OECD 国有企业公司治理指引》整理。

　　参照上述《指引》的规定，OECD 成员国家相继进行了一系列的国有企业信息披露制度方面的实践和探索，并取得了较为理想的效果。OECD 各国国有企业信息披露制度运行结果表明，信息披露制度不仅是资本市场上监督上市公司、保护投资者的有力武器，而且也是加强国有企业监督、保护国有资产、促进国有资产保值增值的重要机制。信息披露制度作为一缕"阳光"不仅可以使经营中的违约行为很难藏身，起到有效的监督作用，并且对于提升国有企业竞争力和塑造国有企业形象也是大有裨益的。

　　在 2005 年 OECD 发布的《国有企业公司治理》中对其 23 个成员国的国有企业的信息披露制度情况进行了调查研究，研究结果见附录一，该调查研究主要通过以下四个方面概括了 OECD 成员国家国有企业信息披露的总体实践情况[①]：

---

　　①　这部分内容主要参考了郭媛媛《国有企业信息披露制度的国际比较和启示》，《未来与发展》2010 年第 4 期。

第一，国有企业所采用的信息披露标准。调查结果显示，23 个成员国的国有企业信息披露都参照上市公司标准进行信息披露。

第二，信息披露的时间和频率。调查结果显示，只有 1 个国家（荷兰）采用两年披露一次的方式；6 个国家采用单纯年度报告方式；12 个国家采用"年度报告＋月度报告或季度报告"组合方式；2 个国家采用单纯的季度报告方式；2 个国家的信息披露时间频率不详。

第三，信息披露和信息报告的对象和内容。在这次调查中，OECD 将国有企业的报告事项分成两类：一般事项和特殊事项。笔者将附录二中 22 个成员国报告事项的现状概括总结成表 1—2。从表1—2 中可以看出 22 个成员国家中对特殊事项的报告要求各有不同；对一般事项的报告可以按照报告的对象分成五种类型，分别是：（1）向议会报告；（2）向财政部报告；（3）向政府报告；（4）向所属的政府部门报告；（5）向公众报告。关于一般事项可以单独对其中的某一个对象报告或者是同时对其中的几个报告。

表 1—2　　　　　　　　OECD 成员国家国有企业报告事项

国家	一般事项的报告	特殊事项的报告
奥地利	报告给公众会议	同私有企业
比利时	向部长和公共部门报告，公共服务和商业活动中的科目不同	
捷克共和国	向法定代表和财政机关报告数据和信息	在有效的法律体系内
丹麦	向丹麦商务公司署报告重要的事项	不向债权人和供应商提供专门的报告，不分离在通用的丹麦公司法律之外
芬兰	私有企业向作为所有者的政府报告，上市公司向市场公开信息	没有专门要求
法国	向议会报告，作为年度预算草案的附属	
德国	政府可以在与公司和商业法相容的基础上要求一个详尽的报告通过他们在监事会和公众会议中的代表	

国家	一般事项的报告	特殊事项的报告
希腊	董事会向经济财政部、监事部、议会提交年度报告	只针对上市公司的顾客和供应商
匈牙利	向相关的财政和非财政部门报告	根据公司法，报告需经作为所有者的政府认可
意大利	非上市公司：向财政部报告定性和定量信息（财务结果、预算、管理事项）。审计部门向议会提供每个国有企业的审计报告	自愿
荷兰	向议会报告利润损益情况	同其他公司
波兰	向财政部报告经监事会认可或者经公众会议年度审核的财务状况	没有
斯洛伐克	向建立者递交财务报告，同监事会讨论向相关政府部门和税务总局提交，根据需求决定是否向公众	根据 No. 111/1990 法案，在合法的范围内
西班牙	指导国有企业与政府指导间的规范关系	
瑞典	议会和普通公众工会收到年度报告，国有企业的季度报告有固定的要求	同私有企业
英国	财务和非财务（包含首席执行官和主席的报告、业务发展回顾、未来战略、公司治理安排）	基本相同，只是在人员相关事务不同
挪威	董事会向议会和公众报告年度公司科目和年度报告，包含财务和非财务	同私有企业
瑞士	联邦制定目标，每年接受固定的年度管理报告	作为年度报告的一部分
澳大利亚	财务和非财务报告	在年度报告中一些关于专门责任和特殊功能的信息
加拿大	年度报告包含财务报表和涵盖五年的历史绩效总结，未来五年的公司计划和预算，政府会编制一个包含所有国有企业的年度报告	大多数必须向政府提交一个有待政府批准的公司计划和预算

续表

国家	一般事项的报告	特殊事项的报告
日本	日本烟草有限公司：商业计划向财政部报告。日本电信公司：向公共管理部长报告资产负债表和运营报告	
新西兰	董事会向持有其股份的部长递交经过验证的商业计划和年度报告	根据公司法案

资料来源：根据 OECD《国有企业公司治理》（2005）中附录 3 "国有企业透明和披露"表格翻译。

第四，国有企业汇总报告。调查结果显示，在 22 个被调研成员国中有 10 个国家会发布国有企业的汇总报告，占到总数的 43%。

二 中国国有企业信息披露研究

在传统的计划经济体制下，国有企业的行政性治理体制中，主要依靠报告制度来解决信息披露问题。这种国有企业报告制度因其具有鲜明的行政性、强制性特征，可将其视为国有企业强制性信息披露制度的雏形（余菁，2009）。这一阶段中强制性的信息披露的主要形式是财务会计信息纵向报告制度（夏东林，2002；于生生，2006）。

2003 年国资委的成立，进一步推动了国有企业在推进公司制股份制改革以及自身治理体制转型的过程中诸多变革，国有企业信息披露制度也在发生相应的改变。这种变化集中体现为两点：第一，国有出资企业面向出资人的信息报告制度的性质发生了变化——其行政性的一面在逐步弱化，而基于市场合约关系的经济性的另一面则在逐步强化。第二，国资委及国有企业信息披露的受众有所拓宽，而且，伴随受众群体的拓宽，除信息报告这类强制性的信息披露内容外，又新增了自愿性的、选择性的信息披露内容（郭媛媛，2012）。

国务院国有资产监督管理委员会的成立，解决了在国有企业改革过程中理论界争论多年的国有资产出资人缺位的问题，国务院国有资产监督管理委员会成立后先后颁布了 27 条法令（见表 1—3），这些法令的推出使得国有企业经营信息主要通过行政报告获知的状况有了很大的改进。特别是，国务院国有资产监督管理委员会成立后，以财务监督和风险控制为重点，强化出资人监管，财务监督是国务院国有资产监督管理委员会履行出资人职责的重要手段。此外，国务院国有资产监督管理委员会还组织开展了清产核资工作，基本摸清了国有大企业的"家底"，并且在核实企业账本、提高会计信息质量、加强重大财务事项管控等方面做了大量工作。同时，积极探索和不断完善监事会制度，将监事会监督从事后监督转变为当期监督，不断提高监督水平。在大量调查研究、总结企业风险控制经验与教训的基础上，印发了《中央企业全面风险管理指引》，引导和组织企业清理高风险业务，加强了风险监控。在国务院国有资产监督管理委员会所发布的27条法令中，有近半数的法令与国有企业信息报告制度相关，且按照所要求披露和报告信息的性质，可以将这些法令分为经营活动事前的信息披露、经营活动事中的信息披露以及经营活动事后的信息披露三类（余菁，2009）。总而言之，国务院国有资产监督管理委员会成立以来所颁布的法令法规为推动国有企业信息披露的公开和透明提供了制度基础和支撑。这个阶段中，国有企业实践中的自愿性信息披露的主要内容多是关于社会责任信息和环境信息的披露（李锐、平卫英，2009；许家林、刘海英，2010；黄秋容、徐鹏，2011）。

表1—3 国资委成立后颁布的27条法令

国资委	时间	名称
1号令	2003.9.9	《国有企业清产核资办法》
2号令	2003.11.25	《中央企业负责人经营业绩考核暂行办法》
3号令	2003.12.31	《企业国有产权转让管理暂行办法》
4号令	2004.2.12	《企业国有资产统计报告办法》
5号令	2004.2.12	《中央企业财务决算报告管理办法》
6号令	2004.5.21	《国有企业法律顾问管理办法》
7号令	2004.8.23	《中央企业经济责任审计管理暂行办法》

续表

国资委令	时间	名称
8 号令	2004.8.23	《中央企业内部审计管理暂行办法》
9 号令	2004.8.25	《企业国有资本保值增值结果确认暂行办法》
10 号令	2004.11.26	《中央企业发展战略和规划管理办法（试行）》
11 号令	2005.1.20	《中央企业重大法律纠纷案件管理暂行办法》
12 号令	2005.8.25	《企业国有资产评估管理暂行办法》
13 号令	2006.4.14	《中央企业总会计师工作职责管理暂行办法》
14 号令	2006.4.7	《中央企业综合绩效评价管理暂行办法》
15 号令	2006.4.7	《地方国有资产监管工作指导监督暂行办法》
16 号令	2006.6.28	《中央企业投资监督管理暂行办法》
17 号令	2006.12.30	《中央企业负责人经营业绩考核暂行办法》
18 号令	2007.5.25	《中央企业财务预算管理暂行办法》
19 号令	2007.6.30	《国有股东转让所持上市公司股份管理暂行办法》
20 号令	2008.8.18	《中央企业资产损失责任追究暂行办法》
21 号令	2008.8.18	《中央企业安全生产监督管理暂行办法》
22 号令	2009.12.28	《中央企业负责人经营业绩考核暂行办法》
23 号令	2010.3.26	《中央企业节能减排监督管理暂行办法》
24 号令	2010.12.24	《中央企业安全生产禁令》
25 号令	2011.3.21	《地方国有资产监管工作指导监督办法》
26 号令	2011.6.14	《中央企业境外国有资产监督管理暂行办法》
27 号令	2011.6.14	《中央企业境外国有产权管理暂行办法》

资料来源：根据国资委网站上发布的信息整理。

　　国内学者对中国国有企业信息披露的研究主要集中于当前国有企业信息披露现存问题上，最突出的问题就是信息披露内容规范性不足及时效性较差（郭媛媛，2009、2011、2012）。我国非上市国有企业只有财务会计报告制度，而且财务会计报告制度的实际执行的效果也较差（刘银国，2008），财务信息所披露的数据非常少而且带有极强的选择性，高管薪酬等敏感信息零披露，正、负面重大事项披露严重失衡，社会责任披露多但时效性差（綦好东、王斌、王金磊，2013）

都说明了内容缺乏规范性，当前这种信息披露随意、透明度较差的情况已经严重制约了国有企业信息披露的有效性，同时也造成了国家出资企业监管的弱化（宋文阁，2009）。对照国外学者对于上市公司信息披露制度有效性研究的基本框架，笔者认为国有企业信息披露现存问题除披露内容缺乏规范外，还包含信息披露主体不清、对象狭隘、渠道有限以及监管缺失等问题，这些都制约了国有企业信息公开和透明，影响了国有企业监管的有效运行。

综上，国有企业信息披露的研究虽有一定的理论和实践基础，但还有待完善。由于国有企业的特殊性，国外关于国有企业信息披露理论研究很少，只是在实践中提供了一些经验启示；现有国内学者多从自己熟悉和关注的领域和角度出发研究，尚未形成一个规范的理论体系。因此，对于诸如国有企业信息披露独特性、信息披露在国有企业监管制度中的作用机理以及国有企业信息披露制度框架设计等重大问题的探讨还有待进一步深入系统的研究和探索。

第二章　国有企业公司治理现状
分析及非上市国有企业
信息披露的必要性

　　国有企业按照其是否是上市公司可以分为上市国有企业和非上市国有企业。我们把国有参股和国有控股公司都划归为上市国有企业；对于已经上市的国有企业来说，其必须严格按照证券市场上关于上市公司信息披露的相关规定向公众披露其信息，证券交易所的信息披露条例对于信息披露的内容、方式、时间和要求都有明确详尽的规定，信息披露制度是上市公司的广大股东用来监督公司经营情况、通过用脚投票来行使所有者权利的重要方式。对于非上市国有企业来说，已经有了一些呼吁国有企业公开账本、信息披露的要求，但是目前并没有权威性的法律规章制度要求；虽说国资委成立后颁布了一些相关规定推动了国有企业信息披露，而且也有相当一部分国有企业尝试按照上市公司的要求进行信息披露，但这些还都处于探索阶段，并没有形成共识和具有法律意义的制度。可是有一点是已经达成共识和确定的，就是上市公司需要向其股东信息披露，非上市国有企业作为全体公民所有的企业也应该向社会公众信息披露，非上市国有企业因为其公司治理和产权制度的特殊性，决定了其信息披露的必要性和独特性。本章的第一节介绍了国有企业特别是非上市国有企业公司治理的现状，在此节中先回顾了我国国有企业公司治理演进历程，剖析了我国国有企业公司治理的特点和现存问题；第二节和第三节基于第一节中国有企业公司治理现状的分析，总结了非上市国有企业信息披露的必要性和独特性。

第一节 国有企业公司治理现状

国有企业与一般企业的治理制度都是围绕企业的指挥权、决策权和监督权的最优配置，最大化股东权益，避免内部人效应为目标制定的一系列制衡机制。国有企业同一般企业一样都必须遵循公司治理制度的一般要求，所不同的是国有企业由于是国家持股或所有的企业，所以其在治理制度上必然会有一些独特之处。

在我国的国有企业中，虽然建立了董事会、股东会和监事会，但是党委会、职代会和工会在公司治理结构中仍然存在并且发挥着重要作用。根据我国《公司法》第 17 条规定，"公司中中国共产党基层组织的活动，依据中国共产党章程办理"。党的十五大报告明确指出，"要建设好企业领导班子，发挥企业党组织的政治核心作用，坚持全心全意依靠工人阶级的方针"。在国有企业公司制改造以后，党委仍然发挥着重要作用，党委成员进入董事会、监事会，党委参与公司重大问题的决策。我国《宪法》第 16 条规定，"国有企业依照法律规定，通过职工代表大会和其他形式，实行民主管理"。据统计，目前全国共有 29 万家国有企业实行职工代表大会制度，占应建立职工代表大会制度企业的 85%[①]。国有企业改制后，职代会的作用主要体现在维护职工合法权益、民主评议和监督公司董事会成员与高级管理人员的行为、公司各项重大决策上。公司中工会的作用基本上和职代会作用相似，并且受到我国工会法的保障。总之，国有企业公司制改造后，党委会、职代会、工会并没有因此消失，而且和股东大会、董事会、监事会一起发挥着重要的作用。

一 国有企业公司治理演进历程

蒋一苇（1984）在《论社会主义企业的领导体制》中就曾指出，

[①] 江雁：《论国有企业治理制度的改革》，硕士学位论文，对外经济贸易大学，2001年。

中国的国有企业制度的核心就是领导制度的安排①。不论是中国的国有企业还是西方的资本主义企业，企业的领导制度中都涉及三种权力的安排，即指挥权、决策权和监督权，在中国的国有企业中，这三权是由厂长、党委和职工代表大会行使的，而在西方国家的企业是由总经理、董事会和监事会来行使。可见中国国有企业的治理制度从国有企业成立之初就存在，不论是"一长制""党委领导下的厂长经理负责制"还是"厂长经理负责制"都是关于这三种权力配置的不同形式。我们同意将现代企业制度的领导体制称为企业治理结构的观点，这里的企业治理结构主要指由公司制产权结构所引起的、规范企业所有者、受托者、代理者之间权责利关系的组织结构和制度安排。根据这一观点，我们将中国国有企业公司治理转型的演进历程划分为以下四个阶段：

（一）1955 年之前：厂长负责制（"一长制"）

1951 年 5 月，中共中央东北局作出了实行厂长负责制的决定，这个决定经过中共中央批准执行。1954 年 4 月 8 日，中共中央华北局也作出了实行厂长负责制的决定。这时的厂长负责制实际就是苏联的"一长制"，其理论根据是列宁的《论一长制》。1955 年 8 月，中央第三办公室（即工业办公室）向中央提出报告，明确提出在全国企业中建立严格的"一长制"，中央批准了这个文件。但是，那段时间，"一长制"并没有在全国全面推开。"一长制"的提出克服了原有的"管委会"模式所日益暴露出来的弊端②，完成了在中国进入大规模的经济建设时期，引领、促使国营经济快速发展壮大的使命。

"一长制"将企业最高决策权和指挥权都集中在一个人身上，这较易造成企业经营决策失误，并且很难通过指挥执行过程发现纠正决

---

① 蒋一苇：《企业领导制度研究》，经济科学出版社 1984 年版。

② 原有的"管委会"模式就是由厂长（经理）、工程师及生产中的其他负责人、工会和职工代表组成的，工厂管理委员会是企业最高行政机构，其委员（代表）人人有职有权，人人说话都有用，人人说话都不算数，这种模式最终必将导致具体责任无法落实到人，造成企业纪律松弛，管理混乱现象严重。

策失误的措施。因此，"一长制"很难保证管理决策的科学合理性，又很难分清决策实施的成败责任究竟是在决策方面还是执行方面，从而也很难对决策和执行的业绩进行合理评价和奖惩。另外，一长制还导致了监督机构的陪衬性，由于多数国有企业的厂长书记一身担，"自我监督"就成摆设，工会和职工的民主监督也只能是一种软约束，这就极可能引起经营绩效的失实。①

（二）1956—1977 年：党委领导下的厂长负责制

1956 年 9 月，中国共产党第八次全国代表大会决定废除一长制，实行党委领导下的厂长负责制。在这期间和以后，不断批判"一长制"，认为"一长制"削弱了党的领导，否定了群众路线。这一批判长达 20 年，一直到"文化大革命"结束。1966—1977 年，"文化大革命"期间，实行革命委员会主任负责制或军代表负责制，企业管理制度受到冲击。企业党组织恢复以后，强调毛主席在《鞍钢宪法》中的提法："党委领导下的厂长分工负责制。""党委领导下的厂长经理负责制"超越了原来"一长制"的高度集权，将决策权和指挥权分离，有利于调动厂长经理的积极性。

"党委领导下的厂长经理负责制"，工厂组织结构高度政治化是由当时中国社会制度的特点和国营工厂的性质决定的。这一治理制度最大的问题就是以党代企，在这种制度中，三权都归党委所有，这时党委实际上既起决策作用，又起组织指挥作用，还起监督保证作用。这不能建立企业的独立的有效的灵活的生产经营管理的指挥系统，也很难保证对党委的有效监督。② 本应由专家、内行决定的事情都变成由党委决定，也必将损伤专家、内行的积极性。党委领导下的厂长经理负责制，这种治理制度将领导和负责分开，不符合管理科学的规律，任何一种管理体制中管理和负责都是不可分割的。

----

① 黄志良：《试论企业"一长制"和"三会一总制"》，《青海师范大学学报》（哲学社会科学版）2000 年第 2 期。

② 马洪：《关于改革工业企业领导管理制度的探讨》，载《企业领导制度研究》（文集），经济科学出版社 1984 年版，第 55 页。

（三）1978—1992 年：厂长经理负责制

1988 年七届全国人大一次会议通过的《企业法》作出法律规定："企业实行厂长（经理）负责制"。明确规定：厂长是企业的法人代表，确立了厂长在企业中的核心地位，对企业的物质文明建设和精神文明建设负有全面责任；中国共产党在企业中的基层组织，对党和国家的方针、政策在本企业的贯彻实行保证监督；企业通过职工代表大会和其他形式，实行民主管理。以法律的形式将企业的指挥权、决策权和监督权在厂长、党委和职工代表大会中作了分配。

"厂长经理负责制"虽然克服了企业党组织包揽行政事务和党不管党的弊端，克服了厂长责权分离的弊端，实现了内行决策和专家治厂。但是厂长负责制从其本质属性来分析是计划经济框架内的公司治理制度，从厂长负责制的运行机制来考察，它是一种政府干预下的经营者控制型集权领导体制，不符合现代企业制度的本质要求。在厂长负责制体制下，厂长的形成机制是计划经济模式，主要取决于政府主管部门的委任或聘任，并非由市场机制来配置。《企业法》赋予了厂长各项计划的拟定权，行政机构的设置权，副厂级干部提名权，中层干部任免权，分配方案草拟权，职工奖惩权，从这六项权力可以看出，厂长负责制实行的是决策执行合一的原则，虽然在一定背景下具有提高办事效率的优点，但这种体制易形成过度集权机制。党组织的保证监督作用和职工民主管理由于缺乏对厂长的选择、补充和制衡机制的作用，导致监督权形同虚设，不起作用。

（四）1993 年至今：董事会下的总经理负责制

1993 年决定在国有企业建立现代企业制度。1994 年，国家经贸委、国家体改委确定了 100 家国有大中型企业作为建立现代企业制度试点企业，全国各地也选择了 2343 家企业进行试点。到 1996 年底，这些试点企业分别改造成为股份有限公司、有限责任公司、国有独资公司，或者通过兼并、破产等形式先进行资产重组后进行公司制改造①。1997 年提

---

① 江雁：《论国有企业治理制度的改革》，硕士学位论文，对外经济贸易大学，2001 年。

出公有制实现形式的多样化。国有企业改革进入深层次攻坚阶段，其目标是建立适应市场经济体制的以产权清晰、权力明确、政企分开、管理科学为特征的现代企业制度。其本质为公司制，即以产权分离（出资者所有权与法人财产权相分离）为基础，在公司治理结构下，独立运作的微观企业制度。通过将国有企业改造为公司制企业，试图使企业在经济上摆脱政府的控制，真正成为自主经营、自负盈亏的法人，从而为国有企业改革寻找到一条真正的出路。

经过一系列的改革，我国现阶段的国有企业管理体制已经初步实现了"两权分离"。为了把企业从政府附属机构的地位中解放出来，实现政企分开，中央和地方都建立了国有资产管理部门和国有资产经营管理公司（国有控股公司）。我国的国有企业按照权责分明、管理科学、激励和约束相结合的原则，建立权力、经营和监督"三权分立"的公司治理结构，具体地说就是在公司内设立股东大会、董事会、监事会，三个机构各自独立、权责分明，又相互制约、相互作用，整个企业的生产经营活动都由董事会授权给总经理全权负责，我国的国有企业大多实行的是董事会领导下的总经理负责制。

二 国有企业公司治理特征

（一）多重目标并存

国有企业作为国家投资，国家作为唯一股东的公司，它既具备一般经济组织的特征，即将组织的经济利益最大化作为目标，又具备国有企业的特殊的社会性目标，即在关系国计民生的行业中、在关系国家安全的行业中具备主导地位，应该将社会性目标放在重要位置。国有企业既具备社会性目标，又具备经济性目标的特征决定了其信息披露的特殊性，就是国有企业既被要求像普通公司那样将其经营运作情况公之于众，受到作为实际所有者的公众的监督；但是又因为其具有的社会性特征，要求在一些特殊领域的国有企业不能完全将其信息进行披露，并且也不能对一些在国计民生行业中主要承担社会目标而不是经济目标的企业完全以经济指标进行衡量和评判。

现有国有企业共分为三类：一类是涉及国家机密和国家安全的，比如军工产业、国防设施，这类企业的目标就是保障国家安全，其信息具有很强的保密性，因此在进行信息披露时对其披露对象和披露内容选择具有非常重要的意义；第二类是完全公益性行业，比如公交、地铁、环卫、公共卫生保健、义务教育等，这类国有企业只具有强制性社会公共目标，没有经济目标，换句话说，就是不以盈利为目的，其作用是直接提供公共服务，以社会和谐和稳定为唯一目标，这类企业进行信息披露时对于保密性的要求不是很高，但是如何设置符合这类国有企业信息披露指标是一个非常关键的问题；第三类是关系国计民生的自然垄断行业和部分资源性行业，比如输电、管道燃气、自来水、铁路、水利等，这类行业主要是以社会公共目标为主，经济目标居次，通过收支平衡来保证公众福利的极大化，这类国有企业可以参照上市公司信息披露制度的要求设计出既能反映公共目标又能兼顾经济目标的信息披露指标体系。

综上，鉴于国有企业目标的复杂性和特殊性，要求在设计国有企业信息披露制度的框架时应该既考虑到如何凸显其经济性目标，即像上市公司那样设计出能够显示其经营情况的各项财务经营指标，又要求设计出能体现国有企业社会性特征的指标。此外，针对不同行业中的国有企业的信息披露制度应该有所区别，处于保密要求较高的行业的国有企业的信息披露设计和处于一般竞争性行业的国有企业的信息披露设计应该有所不同。

（二）新老三会并存

传统的国有企业公司治理制度中，厂长、党委、工会三方面的责、权、利明确，既在生产经营方面贯彻了个人专责制，又在加强党的领导和企业民主管理方面弥补了其他领导体制的不足，直接体现了社会主义企业的特点。

国有企业经过公司制改造后，成立了股东大会、董事会和监事会，并且将企业的指挥权、决策权和监督权在这三会中重新进行了配置，实现了三权的制衡机制。在新的政治经济形势下，有85%的企业是"新三会"和"老三会"并存的。新老三会的设置基础和运作目标的不一致，必然产生权力交叉、权责不明的矛盾。因此，如何处理新老三会的关系就成为摆在国有企业面前的一个重要的课题。

（三）委托代理链条过长

国有企业作为一个经济组织，和其他性质的经济组织一样也存在委托代理关系，只不过，在国有企业中由于其国家作为所有者的特点，其委托代理关系层级多于一般类型的经济组织，在国有企业中的代理链条过长。

国有企业中的委托代理关系层级要比一般类型经济组织多、代理链条比一般经济组织长的原因是国家作为国有企业的所有者，而国家宪法又规定，国家的一切财产属于全体人民，因此，国有企业的真正所有者就是广大人民。事实上，人民并不能直接行使其对国有企业的所有权和经营权，而是要将国有企业的所有权和经营权委托给国有企业的管理机构，比如国家国有资产监督管理部门和省市国有资产监督管理部门，由他们负责选拔、聘任、考核国家及省市所属的国有企业经营者，由此可见，经过层层委托，国有企业形成了长于一般经济组织的委托代理关系和长于一般经济组织的委托代理链。

在现有的国有企业多层代理和长委托代理链条下，信息不对称的情况如此严重，这必将在很大程度上增加国有企业监管的难度。与此同时，广大人民作为国有企业真正的所有者，在实际上却仅仅是个概念上的所有者，很难真正行使所有者的权利，这就形成了国有企业"所有者缺失"状况。国有企业"所有者缺失"的特点使得国有企业发生委托代理问题的风险和可能性大大增加。

专栏 2—1

公开透明，方能斩断损公肥私之手

昨天，习近平参加安徽代表团审议。当企业家代表郭文参谈到混合所有制经济发展时，习近平说，发展混合所有制经济，基本政策已明确，关键是细则，成败也在细则。要吸取过去国企改革经验和教训，不能在一片改革声浪中把国有资产变成牟取暴利的机会。改革关键是公开透明。

习近平这番话，至少透露了两条信息：（一）十八届三中全会进一步完善的"国有资本、集体资本、非公有资本等交叉持股、相互融合的混合所有制经济"，作为我国的基本经济制度的重要实现形式，其发展方向和路径不会变。（二）必须建立健全公开透明的细则，以防权力之手假改革之名，将国有资产变成少数人的私人蛋糕。

据国资委 2012 年底的数据，全国 90% 的国有及国有控股企业（不含金融类企业）完成了公司制股份制改革。石油石化、民航、电信、建筑、建材等行业的中央企业主营业务资产已基本进入上市公司。

但是，在这一有利于消除对立，实现"公平竞争、共同发展"的改革，在向"你中有我、我中有你"，实现相互促进的目标迈进的过程中，国有资产流失的现象，并没有得到十分有效的控制，给国家造成了巨大的损失。公平竞争架势还没拉开，社会公平却已经被暗箱里的瓜分所严重伤害。"你中有我"成了公中有私，"共同发展"成了转移资产。许多真正有实力的企业，在一轮又一轮的改革中被晾在一边，只能隔岸观火，一声叹息。

为什么一件"取长补短"的改革好事，在局部改革过程中沦为少数人取国有之长、补私财之短的败家之举？关键还是习近平所说的"细则"问题。这个细则，既是具体的操作规范，更是改革的法则，是改革过程中不能触碰的"高压线"。国企改革，本来对国企、民营、外资来说，是一个共同的机会。但是，一个没有规矩的机会，很容易成为少数人侵吞和瓜分国有资产的暴富机会。这些少数人，便是掌控权力的老虎，还有附着在老虎身边的苍蝇。事实证明，许多涉及经济问题的高官，早就用自己的权力之手，伸向了国有企业。至于那些在位时，早已为自己入主改制后的国企铺垫高薪岗职的官员，更是比比皆是。

习近平说，改革的关键是公开透明。这是国企改革的经验和教训得出的结论。这句话，既向社会展示了改革的决心，更展示了一种必须接受制度监管、社会监督的新一轮改革姿态，也告诫那些试图将改革当成肥自己私人腰包机会的权力之手，千万莫伸手，否则伸手必被捉，从而断了少数当权者试图浑水摸鱼的后路。

把公开透明当作为改革的关键所在，习近平这番话，既是对现在和未来的混合所有制经济改革者说的，也是对过往的国企改革中损公肥私的权贵说的。既是对经济改革说的，更是对中国在深水区面临的所有改革而说的。所以，习近平在昨天参加安徽代表团审议发言时还说，樱桃好吃树难栽，幸福不是从天降。没有天上掉馅饼的事情，我们始终要保持积极进取的姿态。各级领导干部都要树立和发扬好的作风，既严以修身、严以用权、严以律己，又谋事要实、创业要实、做人要实。

资料来源：刘雪松：《公开透明，方能斩断损公肥私之手》，《钱江晚报》2014年3月10日。http://pinglun.youth.cn/wywy/shsz/201403/t20140310_ 4838902.htm。

三　国有企业公司治理现存问题

（一）内部机构重叠，权力关系混乱

传统的国有企业公司治理制度中，厂长统一领导，全面负责，并定期向党委和职代会报告工作；党委在企业中对思想政治工作和群团组织实行统一领导，对生产经营和行政管理工作起保证监督作用；工会负责职工学习，维护职工合法权益，并积极发挥职工代表大会的作用，搞好企业的民主管理。

国有企业经过公司制改造后，成立了股东大会、董事会和监事会，并且将企业的指挥权、决策权和监督权在这三会中重新进行了配置，实现了三权的制衡机制。在新的政治经济形势下，党委会、职代会、工会的地位和作用问题不仅是一个经济问题，而且是一个政治问题。现阶段，党委会、职代会和工会很明显要在公司中继续存在，而

且要发挥作用。但是，多数的国有企业中企业的党委书记、董事长和总经理多由政府行政部门委派，形成了平行授权关系，容易造成企业的多头领导，权责难以分清（郑庆江、吕卓瑞，2000）。如何处理新老三会的关系就成为摆在国有企业面前的一个重要的课题。

（二）缺乏完善的外部监督和竞争市场机制

实践证明，现代企业治理结构，不仅仅包括企业内部的制衡机制，而且包括必要的外部监督，对国有企业来说，这种外部监督显得更加必要。我国目前对于国有企业的外部监督主要是依靠稽查特派员制度。但是由于信息的不对称和稽查特派员的能力所限，稽查特派员很难达到有效监督的目的。

除了外部监督，国家还可以通过完善竞争性的产品市场、资本市场和经理市场来对国有企业的经理实施约束。发达国家的实践证明，健全的三大市场可以构建对经理阶层有效的形成机制、激励机制和制约机制，而且监督成本极低。竞争性的产品市场主要是通过企业的产品价格、市场占有率，客观评价经营者的业绩；竞争性的资本市场通过股民"用脚投票"，购买或抛出该企业的股票，间接地表达对经营者的评价；竞争性的经理市场，则直接使经理有了高低之分和下岗之危，为了在经理市场上保持其信誉和品牌、提升其自身价值、经理会努力工作。这三方面的市场压力形成的合力，会转化成经理不竭的动力和约束力，促使其走上与所有者共同富裕的正当轨道，从而有效克服"内部人控制"的负面影响。而在我国这三种竞争性市场并不健全，就不能对企业的经理进行有效的激励和约束。

（三）股权结构不合理，股东会形同虚设①

我国国有企业进行公司化改造的一个重要目的是使企业可以摆脱政府的直接干预，实行政企分开、政资分开，从而使企业真正能够成

---

① 潘清：《我国国有企业治理结构存在的问题与改革思路》，硕士学位论文，福建师范大学，2006年。

为自主经营、自负盈亏的独立主体。对国有企业进行公司化改造实现股权分散化、产权多元化，就是实现这一目标的重要举措。然而，在进行公司化改造后的绝大多数的国有企业中，国有股占了绝对垄断的地位，而法人股及个人股所占份额往往很少。从我国上市公司的资料显示，上市公司第一大股东是由国家持股的公司占全部公司总数的65％，机构投资者比重很小，流通股分散。

股权的过度集中，造成了国有企业处于国有股的超强控制中。而代表国有股的不论是国有资产管理部门还是企业的主管部门，从目前的实际运行效果来看，它们依然扮演的是一个政府管理者的角色，事实上行使的是政府对企业的行政管理职能。代表国家的国有资产管理部门或政府主管部门由于拥有国有企业最多的股份，就可以名正言顺、理直气壮地操纵国有企业的一切重大事项。

股权结构的不合理，缺乏多元股权制衡机制，导致国有企业缺乏企业竞争力和活力。股权高度集中于国家这一超级股东，这必然伤害中小股东的利益。股权集中的结果强化了原有的政企不分，使政府凭借股东身份指派的董事会成为一个凌驾于股东大会之上的权力机构，易使现有的国有企业的公司治理结构发生扭曲和畸形，使股东大会形同虚设，并不能起到股东大会、董事会和监事会三会相互独立、相互制衡的作用。

（四）信息不对称，不能最大化地减少代理问题

我国国有企业在很长一段时间，都是作为一个"黑箱"存在的，作为真正所有者的广大人民对于国有企业的经营情况是很难获知的。国有企业只是通过特定的渠道、按照特定要求向国有企业的政府管理机构报送信息，这种纵向信息报告方式被称为"行政报告"。2003年，国务院国有资产监督管理委员会成立后，颁布了一系列的国有企业信息报告和公开方面的规章制度，国有企业经营的神秘性渐渐减弱，加之一些国有企业开始率先垂范，效仿上市公司首开国有企业信息披露先河，国有企业的"面纱"开始逐渐隐去，国有企业信息的公开和透明开始越来越受到广大社会公众的关注和重视。

　　但是，当前国有企业信息披露的理论和实践都只处于起步阶段，相比较新加坡淡马锡公司和 OECD 成员国国家的国有企业信息披露实践，我们还有很长的路要走。当前我国国有企业存在着委托代理层次多、链条长和所有者缺位的情况，这些都大大加重了现有国有企业的信息不对称情况，增加了国有企业发生道德风险和代理问题的可能性，导致了国有企业监管相对困难。

　　我们可以推断，在这种委托代理层级较多和链条过长的情况下，委托人和代理人之间的信息不对称情况更加严重，委托代理问题和道德风险问题更容易发生。经济学中的关于人的自利性假设认为"人在管理自己的钱的时候总是比管理其他人的钱更加认真仔细"。对于缺少监督和所有者缺失的资产来说，其被"自利的经济人""以权谋私"的风险和可能性更大，因此，对于具备这样的公司治理问题的国有企业来说，进行信息披露，增加国有企业经营的公开和透明度，无疑可以有效降低由于委托代理层级多和链条长带来的信息不对称的风险和弊端，极大提升国有企业监督的效率和效果。

第二节　非上市国有企业信息披露的必要性[*]

　　如前所述，国有企业可以按照是否上市被分为上市的国有企业和非上市的国有企业。上市的国有企业因为受到证券交易市场中信息披露制度要求和约束，必须在规定的时间，通过规定的渠道，向广大股东披露规定的信息，正因如此，上市的国有企业其公开和透明度还是比较高的。非上市的国有企业则因为目前没有明确的信息公开和披露相关规定，其经营情况对于广大公众来说还是很神秘的，加之非上市国有企业存在前述的国有企业公司治理现状和问题，可以得出结论，对于非上市国有企业来说，信息披露是极具必

---

　　[*] 这部分内容主要参考了郭媛媛《公开与透明：国有大企业信息披露制度研究》，经济管理出版社 2012 年版。

要性和重要性的。非上市国有企业信息披露的必要性可以概括为以下几个方面。

一　有利于实现最终所有者的知情权和监督权

保障非上市国有企业所有者的知情权，将非上市国有企业的经营置于公众的监督之下，这是非上市国有企业信息披露最重要的必要性之一。

非上市国有企业具有特殊的委托代理关系，作为非上市国有企业唯一股东的国家仅仅是非上市国有企业名义上的所有者，我国《宪法》明确规定"中华人民共和国的一切财产归全体人民共同所有"，因此，非上市国有企业真正的股东应该是全体人民，作为真正股东的全体人民应该具有资产经营的知情权。目前，我国已有明确的法律对非上市国有企业的股东知情权进行了明确的规定和保障。2008年颁布的《中华人民共和国企业国有资产法》中第十七条明确规定"国家出资企业从事经营活动，应当遵守法律、行政法规，加强经营管理，提高经济效益，接受人民政府及其有关部门、机构依法实施的管理和监督，接受社会公众的监督，承担社会责任，对出资人负责"。从这一条款规定中可以看出非上市国有企业经营知情权的对象应该包括人民政府及其有关部门、机构、社会公众。当前我国非上市国有企业的信息披露对象主要就是人民政府及其有关部门和机构，普通的社会公众并没有能够获得非上市国有企业的经营信息的渠道和权利。众所周知"阳光是最好的防腐剂""阳光之下的灰尘才无处藏身"，因此，只有保障了作为真正所有者的社会公众的知情权才能对国有资产实现最广泛和有效的监督，所以，构建一个完善的非上市国有企业信息披露制度，为社会公众的知情权提供制度保障对于我国国有资产的保值增值、对于我国国有资产的有效监督是非常重要和有意义的。

专栏 2—2

李荣融：所有国有企业三年内向社会公开账本

　　一向主张在国资监管中"管住一个人，管住一本账"的国资委主任李荣融表示，所有国有企业要在三年内向社会公开账本。

　　昨日，一年一度的全国国有资产监督管理工作会议在珠海召开，据中央人民广播电台报道，李荣融在讲话中表示，准备用三年时间，按照上市公司的规则，把国有企业的账本全部向社会公开。

　　李荣融多次在各种场合对央企负责人表示，一定要管住账本，账本必须公开透明。公开要从国资委做起。2006 年他就曾表态，最多三年，国资委的账本要做到向社会公开。

　　这一次，李荣融向全国的地方国资委监管机构和地方国有企业也发出了这样的"集结号"。

　　李荣融指出，今年要进一步加强国有资产监管，尤其要切实管好国有企业的账本。

　　"我们的账本自觉公布，因为我们管理的是国有资产，更应该向社会公开，由社会来监管。该不该出这个钱，这个钱花得怎么样，都要有个回答。"李荣融说。

　　截至 2007 年底，国有及国有控股企业的资产总额达到了 9.19 万亿元，同比增长了 22.2%。

　　李荣融说，各地国资监管部门每年都要请最好的会计师事务所对国有企业进行财务审计，因为财务不公开，容易埋下贪污腐败的伏笔；只有公开，才能达到最有效的监管。

　　资料来源：张馨月：《李荣融：所有国有企业三年内向社会公开账本》，《第一财经日报》2008 年 1 月 29 日，http://news.163.com/08/0129/08/43C3834A0001124J.htm。

二　有利于减少代理问题和"内部人控制"

　　正如钱颖一（1995）所指出的那样，"在中国，以公司化为主导的国有企业改革使经理们获得了越来越多的控制权。这种权力的分配提升了效率，但是也导致了严重的代理问题。中国公司的经理们几乎拥有不受约束的控制权，中国公司存在着比西方企业更为严重的代理问题"①。由于国有企业特别是国有大中型企业中，国家在拥有企业经营信息方面处于劣势，企业的经营者在企业经营信息拥有方面则具有一定的优势，而因为企业经营者与国家利益取向的不尽一致，容易产生国有企业所有者和经营者的激励不相容，导致了青木昌彦所提出的"内部人控制问题"在中国国有企业中得到了突出的体现②。因此，虽然中国国有企业内部治理呈现出混合治理模式的特点，存在股东与经理层、大股东与小股东利益冲突，但是"内部人控制"即所有者或者说控股股东与管理层之间由于激励不相容导致的利益冲突无疑成为中国国有企业中最主要的、最亟待解决的代理问题。

　　钱颖一对中国国有企业所有者缺位特点的分析，同样适用于非上市国有企业，根据本章第一部分对国有企业公司治理现状和问题的分析，我们可以借用来分析非上市公司国有企业。非上市国有企业的所有权和剩余索取权属于全体人民，现在这一权利是由政府代表行使，国有资产管理部门代表政府行使对国有资产的监督权，也就是说，最终对国有资产进行宏观管理和对国有资产保值增值状况进行监督的部门就是国有资产管理部门。国有资产管理部门负责选拔和聘用国有企业经营者，但不得具有国有企业经营权，国有企业经营者具有对国有资产的占有、使用和依法处置的经营管理权，由此可见，现代国有企业也是所有权和经营权相分离的公司治理结构，这同公司制企业非常相似。但事实却并非如此，在国有企业中，虽然企业最终的所有者是

---

　　①　Qian - Yingyi（钱颖一），"Reforming corporate governance and finance in China"，*Corporate Governance in Transitional Economy*. Washington D. C. : the World Bank，1995.

　　②　国有企业特别是国有大中型企业，国家在拥有企业经营信息方面处于劣势，企业的经营者在企业经营信息拥有方面则具有一定的优势，而因为企业经营者与国家利益取向的不尽一致，容易产生国有企业所有者和经营者的激励不相容。这种所有者和经营者的激励不相容的现象在转轨过程中的俄罗斯和东欧国家的国有企业中得到最突出的表现，青木昌彦将这种现象称为"内部人控制"（青木昌彦、钱颖一，1995）。

全体人民，但是这个所有者却是虚置的，因为并没有形成人格化的所有者。其次，国有资产监督管理部门代表政府对国有资产行使宏观管理和保值增值的监督权，但其并非国有资产的所有者，也没有剩余所有权。根据经济学基本原理，这样的监督管理者是缺少基本的利益机制驱动的，因此，很难保证其监督管理结果的有效性，这种监督管理的缺陷和所有者缺失，极易造成身为经济人的经营者为自利的目的而损害国有资产，导致内部人控制和代理问题。

作为非上市国有企业唯一股东和所有者的国家把监管非上市国有企业的权利委托给了具有国有资产监督管理职能的国有资产监督管理部门，比如中央、省市各级的国资委，由这些机构代行股东和所有者职能进行监督，但是由于国资委管理的企业过多，而且国资委只是作为一个企业外部的行政管理机构，很难深入到企业内部去了解企业的经营情况，进行时时事事的监督，因此，在非上市国有企业中也很容易出现由于信息不对称造成的代理问题。

要求非上市国有企业进行信息披露，迫使公司管理层公开披露与公司经营有关的重大信息和问题，包括财务状况、经营状况、所有权状况和公司治理状况的信息，推行对企业内部审计报表的披露，督促企业内部控制的完善，强化企业内部控制意识，这些举动必然可以在一定程度上遏制由于所有者和经营者目标不一致，所有者监督不到位给非上市国有企业带来的代理问题和"内部人控制"局面。要求非上市国有企业参考上市公司的方式对社会公众进行公开、透明的信息披露，必将有效地完善和加强非上市国有企业的监管体系，大大降低因为内部人控制和信息不对称而对国有资产造成的损害，对于国有资产的安全和保值增值意义重大。

三　有利于保障国有资产运营安全

世界各国的公司制改革和发展一再证明了先进的企业管理体制必然是一个高度透明公开的体制，因为只有在阳光下灰尘才无处藏身，只有在公开透明的管理体制中腐败才会得到有效的遏制。将非上市国有企业的信息进行公开披露，将非上市国有企业的经营活动放置于广大投资人、债权人、政府监管部门、工会和合作伙伴的监督之下，一方面可以充分利用"透明公开的阳光"这一最好的消毒剂来使企业内部许多见不得阳光的"病菌"减少、消亡；另一方面，企业信息公开披露制度还可以使企业经营管理者加强自律，增强责任心，改善经营管理，防止违法违规，防止腐败。此外，非上市国有企业信息披露制度的实施还必然使得一直困扰国有企业、难以解决的越权管理、短期经营、敷衍工作、逃避责任等问题得到控制、消减。由此可见，非上市国有企业的信息披露制度对于防止腐败，保证国有资产的保值增值具有重要作用和意义。

专栏 2—3

公共服务领域国企应实行信息披露

驻沪全国政协委员、上海神力科技有限公司总经理胡里清：

虽然国有企业的数量在减少，但资产总额却从 18 万亿元增长到 42.5 万亿元，利润从 3786 亿元增长到 11843 亿元。公共服务影响了每个消费者的基本生活，提供公共服务的企业应优先考虑的是提供全面、廉价、优质的产品或服务，而不是强调利润。但我国的公共服务行业多为国有企业垄断。由于缺少竞争，通常又无其他可供替代或选择，因此市场本身的力量无法对其实施价格制约。

应加快国有企业的上市，因为对上市公司最重要的规定就是信息公开。《上市公司信息披露管理办法》规定了上市公司从股东、高管，到公司财务数据、投资决策等一系列信息公布的具体要求，全社会都能了解上市公司的基本情况，可显著减少企业决策失误、盲目投资、挪用资金、贪污腐败、滥发奖金福利等。

对于国有企业，既然全体人民是其股东，企业信息就应该对股东公开。特别是提供公共服务的占有垄断地位的国有企业，无论是否上市公司，都应该公布其信息。对公共服务领域具有垄断地位的国有企业，不仅要公开企业信息，而且应定期公开成本信息，防止垄断企业利用这种信息不对称优势，不断增加管理费用和工资性支出比例，转嫁给消费者。

资料来源：姜丽钧：《公共服务领域国企应实行信息披露》，《早报》2011 年 3 月 4日，http://www.dfdaily.com/html/21/2011/3/4/575670.shtml.

四　有利于树立中国国有企业的良好形象

近几年，力拓间谍案、中海油受贿门等事件再一次把中国国有企业信息透明公开问题置于公众的视野，因为非上市国有企业没有透明公开的信息披露制度，无法从正规渠道获得信息的公众们只能从各种报道和传闻中获得一知半解，不客观、不全面的信息必将损害中国国有企业的形象，影响到世界对中国国有企业形象和中国形象的评价。非上市国有企业建立透明、公开的信息披露制度必将有利于非上市国有企业构建自己的信用体系，进行正面的自我宣传，树立良好的声誉和形象。当然，如果非上市国有企业的经营效果欠佳，那么信息披露后必然出现负面的影响。但是从另一个角度来说，通过信息披露制度使一些经营状况不好的企业的问题尽快尽早地暴露出来，并促使其及时解决，可以起到亡羊补牢的作用，比起那些一味掩盖直至产生重大的难以弥补损失的情况更具积极的意义和作用。

作为国家投资设立的企业，非上市国有企业与私人企业的最大的不同在于国有企业的经济活动是与国家利益和公共利益紧密相连的，作为国家出资设立的非上市国有企业的目标兼具私利性和公共性。所谓私利性目标就是指非上市国有企业同私人企业一样要追求利润，追求投资收益的最大化；所谓公共性目标就是指非上市国有企业在企业的经营过程中更关注国家和社会的公共利益。非上市国有企业作为公众的公司，自然应该成为透明经营、信息披露良好的社会企业公民，非上市国有企业应该在以透明度和信息披露为基础的社会诚信体系建设中承担重要责任，在促进社会诚信体系形成中发挥示范作用。

五　有利于发挥国计民生的重要作用

国有企业主要是国家为了解决因为市场机制失灵不能解决的诸多的公共性问题而产生的。国有企业是公共产品或服务的提供者，担负着调控国家宏观经济、为公众提供服务、推动和谐社会进程的历史使命，国有企业的社会功能主要表现在以下五个方面：（1）为宏观经济服务，实现全社会范围内资源的优化配置；（2）促进技术进步，实现战略开发，推动产业结构升级，服务国民经济发展；（3）推动地区经济平衡发展，实现经济合理布局；（4）保持对国民经济命脉及其他重要领域的控制，为国民经济、政治和军事安全提供有力保障；（5）帮助政府实现其他的重要政策目标。国有企业除了具有以上的公共职能外，还因其具有的资金优势和强制执行力优势从而为其带来了一些经济竞争方面的优势，使之可以履行一些经济职能。一些发展中国家的后发优势多是源于国有企业在经济职能方面的突出优点，为其带来的竞争力。

对于国民经济具有如此重要意义的非上市国有企业，其经营状况的好坏对于整个国家竞争力的提升和国家经济安全具有重要的作用，因此，如何更好地监督和激励非上市国有企业是一个非常重要的课题。非上市国有企业信息披露制度的建立将促使非上市国有企业经营从"暗"到"明"，处于信息公开透明状态中的非上市国有企业，其管理者以权谋私、中饱私囊的违约成本和违约难度必将大大提升。因此，建立非上市国有企业信息披露制度，让全社会都可以对其进行监督，可以促使其管理者不断提升经营水平，减少内部人控制的危害，更有利于国有资产的保值增值，以及中国企业国际竞争力的提升。

专栏 2—4

中央企业将在"稳中求进"中发挥重要支撑作用

中央企业将在"稳中求进"中发挥重要支撑作用——国务院国资委负责人谈中央企业改革发展。

2011 年中国经济社会继续保持平稳较快发展，这其中中央企业作出了什么样的贡献？中央企业各项经济指标再创新高是怎么做到的？在保障和改善民生中，中央企业发挥了什么样的作用？面对 2012 年严峻复杂的国内外经济形势，中央企业又将如何应对？

就这些广受关注的问题，记者采访了国务院国资委副主任邵宁。

记者：2011 年中央企业是如何应对复杂经济形势、取得各项经济指标再创新高的？

邵宁：2011 年中央企业生产经营继续保持了平稳较快的发展态势，全年累计实现营业收入 20.2 万亿元，同比增长 20.8%；累计实现净利润 9173.3 亿元，同比增长 6.4%；累计上缴税金 1.7 万亿元，同比增长 19.7%。截至 2011 年底，中央企业资产总额达到 28 万亿元，同比增长 14.9%；净资产 10.7 万亿元，同比增长 11.4%。

应该说，在宏观形势比较复杂困难的情况下能够取得这样的成绩非常不容易。受外部经济环境的影响，去年不少中央企业面临资金紧缺、成本上升、订单下降、应收账款和存货增加的困难。煤电价格联动机制执行不到位、成品油和天然气价格倒挂，导致火电业务、炼油和天然气进口业务大幅亏损。铁路、汽车、水运、钢铁、机械等行业市场需求下滑，一些企业面临非常大的市场压力。

面对严峻形势，中央企业积极应对，采取了一系列扎实有效的措施。一是大力开拓国内外市场，千方百计保增长。比如中粮集团调整营销策略，打造全产业链，产品结构得到了优化。二是强化降本增效，向管理要效益。比如新兴际华集团全面推行"模拟法人运行机制"和"产供销运用快速联动机制"，降低成本 2.3 个百分点。中国石化、中化集团、宝钢等企业加大境外融资力度，有效降低财务成本。三是加强风险管控，保障企业稳定运行。中央企业根据市场变化，适度压缩投资规模，严格控制投资风险，前三季度固定资产投资增速比全社会固定资产投资增速低 16.7 个百分点。许多中央企业切实加强了境外资产管理，有效降低了境外投资风险。通过大量的努力，中央企业保持住了稳定健康的发展态势，有力地支撑了国民经济平稳较快发展。

记者：中央企业在保障和改善民生中发挥了什么样的作用？

邵宁：中央企业很多处在关系国计民生的重要行业，与人民群众生活密切相关。中央企业在保持生产经营平稳运行的同时，带头落实国家宏观调控政策，积极履行社会责任，在保障和改善民生中发挥了重要作用。

在保障市场供应方面，石油石化企业克服炼油业务亏损和进口天然气价格倒挂带来的经营压力，统筹协调产运销储，全力保障油气供应；发电企业火电板块承受增产增亏的压力，加强生产组织，确保供电供热稳定；电网企业加强科学调度，组织电力支援缺电地区，对缓解供电紧张发挥了重要作用；涉及粮、棉、油、肉、糖、盐等产品的中央企业努力保障市场供应，全力维护重要民生产品价格稳定。比如去年初爆发的食盐抢购风潮，全国大部分地区出现了抢购，但两三天后就基本平息了，中盐总公司紧急调配保障供应，发挥了重要作用。

在支持民生工程和西部地区发展方面，电网电信企业大力投入"村村通"工程，农资企业加强"三农"服务，房地产企业积极参与保障性住房投资建设；93 家中央企业定点帮扶 189 个国家扶贫工作重点县，涉及 21 个省份 8300 万人；44 家中央企业在新疆、40 家中央企业在西藏开展了各类援助帮扶工作，被誉为"电力天路"的青藏交直流联网输电工程建成，从根本上解决了西藏缺电问题。

在承担急难险重任务方面，中央企业参与玉树灾后重建，承担了大量繁重的建设任务；去年初利比亚撤侨任务中，相关中央企业出动飞机 76 架次，轮船 6 艘，共撤出员工 25481 人，并协助使馆撤离其他中资企业员工、留学生及外籍员工等近 8000 人；电网、电力、电信企业在保障广州亚运会、深圳大运会中也发挥了重要作用。

资料来源：何宗谕《中央企业将在"稳中求进"中发挥重要支撑作用》，新华社 2012 年 2 月 21 日，http：//www.sasac.gov.cn/n1180/n1271/n20515/n2697175/14265610.html。

六 有利于转变政府职能和更好地保护债权人利益

非上市国有企业的信息披露可以方便政府有关职能机构了解企业的经营情况，促进这些机构的职能转变，形成对企业合法而有效的主动监管；另外，非上市国有企业的信息披露制度还可以减少不合规或不合法行为的出现，便于债权人对企业中的借贷资本的运作情况了解掌握，便于对其借贷给企业资本进行监管并及时作出相应决策，便于债权人维护自身权益。

综上所述，从国内的角度来说，非上市国有企业公开透明的信息披露制度将有利于全社会对国有资产运营状况的了解，可以取信于民；有利于国家对社会经济运行情况的准确判断，可以制定更加科学合理的宏观调控政策措施。从国际竞争角度来说，非上市国有企业公开透明的信息披露制度必将使中国非上市国有企业顺应国际公开、透明的"游戏规则"，改变中国国有企业原有的"神秘隐晦"的负面形象，更有利于参与国际竞争合作，有利于中国国有企业国际形象的提升。透明、公开的信息披露制度是现代公司制发展的优秀成果，已经不仅仅是上市公司用于保护投资者、帮助投资者监督和决策的"专利产品"，而且也应该成为非上市国有企业规范治理、加强监督的"有力武器"。作为在国民经济中占有重要地位、具有全民性本质和独立市场经济主体的非上市国有企业，构建一个适合的透明公开的信息披露制度，必将对国有资产的安全、国有资产的保值增值大有裨益。

第三章 国外非上市国有企业信息披露的经验借鉴：以 OECD 成员国家为例[*]

《国有企业公司治理：对 OECD 成员国的调查》一书中的第五章的标题是"国有企业透明度和信息披露"，该章开篇就指出："与其他公司相比，透明度和信息披露对于国有企业更为重要，因为这有利于表明国有企业与政治控制还是保持一定距离，也有利于向公众清楚地展示其目标。通过向所有权实体、议会或公众报告，国有企业增强了他们的透明度和问责制。报告制度对于监控董事会是否完成既定目标是一个关键因素。将工作进展和业绩置于公众监督之下可以为良好管理、董事会监控和所有权权利的有效使用提供强有力的激励机制。"从上述论述中我们可以清晰地得出国有企业信息披露对于提升国有企业监管和改善国有企业公司治理具有重要意义的结论。

本章对国有企业信息披露制度的国际经验比较分析主要是围绕两个方面展开的：OECD^① 关于国有企业信息披露制度的相关规定和

---

  * 本章的主要内容参考了经济合作与发展组织著《国有企业公司治理：对 OECD 成员国的调查》，李兆熙、谢晖译，中国财政经济出版社 2008 年版，第 88—127 页；经济合作与发展组织著《OECD 国有企业公司治理指引》，李兆熙译，中国财政经济出版社 2008 年版，第 57—67 页；郭媛媛《公开与透明：国有大企业信息披露制度研究》，经济管理出版社 2012 年版，第 95—114 页。

  ① OECD 全称为经济合作与发展组织，简称经合组织，建立于 1961 年，总部设在巴黎，由包括所有主要西方国家在内的 30 个成员国组成。该组织是世界上最大的和最可靠的比较统计数据、经济和社会资讯来源之一。

OECD 成员国家的实践情况。通过对 OECD 关于国有企业信息透明和公开以及 OECD 成员国的国有企业信息披露实践的研究可以对当今世界的国有企业的信息披露的实践情况有一个具体清晰的认识，为中国非上市国有企业构建透明公开的信息披露制度提供了可以借鉴的国际实践启示和经验，为后续的中国非上市国有企业信息披露制度的构建奠定理论和实践基础。

第一节　OECD 成员国家国有企业信息披露的相关规定

2005 年 5 月，OECD 在北京首次发布了《OECD 国有企业公司治理指引》，其中多处涉及国有企业信息透明和披露问题，本书附录一列示了《OECD 国有企业公司治理指引》中与国有企业信息披露相关章节的内容，笔者将其归纳如下：

（一）关于国有企业信息披露内容的规定：国有企业所承担义务和责任

《OECD 国有企业公司治理指引》第一章中提出"超出普遍接受标准的、以公共服务名义要求国有企业承担的任何义务和责任都需要按照法律和规则明确授权。这些义务和责任还应该向社会公众披露，相关的成本应该以透明的方式支付"，这一规定表明公众有权了解国有企业所承担的任何义务和责任，被普遍接受标准的、以公共服务名义要求的国有企业承担的义务和责任是需要经过法律和规则明确授权的，也就意味着这部分的义务和责任也是众所周知的，而超出这部分众所周知的责任和义务是一定要向社会公众披露的，这一条例最大限度地保障了社会公众的知情权。

（二）关于国有企业信息披露制度渠道的规定：国有企业报告制度

《OECD 国有企业公司治理指引》第二章中提出"国家应该作为一个知情的和积极的所有者行事，并应制定出一项清楚和一致的所有权政策，确保国有企业的治理具有必要的专业化程度和有效性，并以透明和问责方式贯彻实施"，并且进一步说明了国家作为一个积极的所有者应该按照每个公司的法律框架行使其所有者权利，其中应该包括建立报告制度，允许对国有企业经营绩效进行定期的监督和评估，这一条款的推出将国有企业报告制度正式列为国有企业信息披露的重要形式，并且将国有企业经营绩效的定期的监督和评估作为国有企业报告的重要内容。

（三）关于国有企业信息披露对象和原则的规定：国有企业所有股东平等享受被披露的权利

《OECD 国有企业公司治理指引》第三章中提出"国家和国有企业应该承认所有股东的权利，确保他们得到公平对待和平等获得公司信息"。这一规定为本书所研究的中国非上市国有企业信息公开披露提供了理论基础。在中国，国家是代表全体人民行使管理国有资产的权力，人民才是国有资产的真正主人，因此人民就是非上市国有企业真正的所有者即股东，作为实际股东的人民应该具有同作为股东代表的国家及国家机构相同的知情权来获知国有独资公司的经营信息，了解国有资产的经营情况。

除了以上三方面的内容外，《OECD 国有企业公司治理指引》中的第五章对国有企业信息披露的形式、内容和监管还作了具体要求。从形式上来说，OECD 将国有企业信息披露制度分成两种类型：一种是由合作机构或所有者实体编制的国有企业整体报告，另一种是由国有企业自己编制的企业个体的报告；从内容上来说，OECD 将国有企业信息披露制度分成物质信息披露和非物质信息披露，财务信息披露和非财务信息披露；从信息披露的监管和质量要求上来说，OECD 认为国有企业的信息披露应该遵循与上市公司一样的高质量的会计和审计标准，国有企业所披露的信息应该经过内部审计和外部审计，以保证所披露信息的质量。

第二节　OECD 成员国家国有企业信息披露的相关实践[①]

《国有企业公司治理：对 OECD 成员国的调查》一书将 OECD 成员国家的国有企业信息披露概括为三种主要的国有企业报告制度：事前报告制度、事后报告制度和总体报告制度。其中，事前报告制度和总体报告制度是专门针对国有部门的。

一　事前信息披露

事前信息披露的主要内容就是清楚地且公开地阐述国有企业的总体目标或者所有权实体行使所有权职责的总体目标[②]。在大多数 OECD 成员国家中，每个国有企业——至少是大型国有企业，必须通过多种形式报告其经营目标。比如公司可以通过公司目标声明、经营管理合同、公司规划等形式公开其经营目标或所有权实体行使所有权职责的总体目标。

在 OECD 成员国家中，其进行事前信息披露的主要程序主要分成以下几个步骤：首先，国有企业提交年度商业计划，等待获得相关行业部门或财政部的批准；其次，国有企业每个季度、每半年或者每年都必须向其所有权实体或财政部及国库部进行定量和定性的报告信息，为所有权实体部门监控国有企业业绩提供依据。

二　事后信息披露

《国有企业公司治理：对 OECD 成员国的调查》一书显示，在越来越

---

① 本节中的内容参考了经济合作与发展组织著《国有企业公司治理：对 OECD 成员国的调查》，李兆熙、谢晖译，中国财政经济出版社 2008 年版，第 90—116 页。

② 瑞典的《所有权政策》开篇就指出"政府的总体目标是为所有者创造价值"。法国设立的国家参股局的总体目标是"看护国家的所有权利益"。英国股东执委会的首要目标是"通过充当一个有效而睿智的股东，在政府设定的政策、规制和顾客等要素的作用下，确保政府股权持续获得良好的收益并随着时间的延续收回资本成本"。——来自《国有企业公司治理：对 OECD 成员国的调查》。

多的 OECD 成员国家中，有些没有上市甚至不受《公司法》约束的国有企业也被要求按照上市公司的标准提供报告。所有权实体有时对国有企业财务报告的某些特殊方面有自己的判断。这种方法是基于这样的观点：国有企业的最终所有者是公众，因此应该比公众企业更具"公众性"。[①]

OECD 国家的国企事后信息披露的主要内容包括了财务报表、董事会报告和公司治理报告、特别报告、其他报告和问责机制（见表3—1）。

表 3—1　　　　　　　　　　事后信息披露的主要内容

披露项目	具体内容	备注
财务报表	所有 OECD 成员国的国有企业都必须提交年度报告，大多数 OECD 成员国家的国有企业也会公布半年报告	各国的国有企业年度报告的主要差别就在于报告的综合性、质量和明确性
董事会报告和公司治理报告	董事会报告：（1）对公司运营和主要活动的回顾；（2）影响国有企业业绩或战略前景的重大事态与环境变化；（3）可能实现的发展；（4）有关董事会成员的信息，包括他们的资质、经验、特殊责任（如果有的话）、董事会和委员会会议的数量以及董事会成员的出席率等	有些国家虽然没有这种公司治理报告或公司治理协议，但是这种报告或协议的主要内容会包含在更为具体的报告或年度报告里
	公司治理报告：（1）董事会的构成和任命程序；（2）董事可以利用的外部咨询资源；（3）为首席执行官和董事会成员制定并审核薪酬计划的程序；（4）任命外部审计人员的程序；（5）有关风险管理的信息；（6）伦理政策	
特别报告	额外的、主要涉及非财务信息的报告，其报告的内容要么是为了反映上市公司的报告要求或实践，要么是作为所有权实体设立的一种前期政策而引进的特殊报告制度	有些国家（西班牙、新西兰、瑞典等）使用，有些国家（如意大利等国家）为了确保所有非政府股东能够得到平等对待，不允许使用政府特别报告

---

①　经济合作与发展组织：《国有企业公司治理：对 OECD 成员国的调查》，李兆熙、谢晖译，中国财政经济出版社 2008 年版，第 103 页。

披露项目	具体内容	备注
其他报告和问责机制	其他报告：所有权实体通常拥有很大的权力，在特殊情况下，他们可以要求国有企业就出现的重大事项进行报告，也可以要求外部审计人员或评论员就某一特殊问题提交一份报告，同时要求国有企业向评论员或审计人员完全开放文件、管理和办公场所	
	问责机制：一些规制部门也要对国有企业遵守法规的情况进行规制审查。由于监管部门是独立的机构，所以他们通常拥有广泛的调查权或"探索"权，对于大多数OECD成员国中为数众多的国有企业来说，这就构成了一种重要的问责机制	

资料来源：经济合作与发展组织：《国有企业公司治理：对OECD成员国的调查》，李兆熙、谢晖译，中国财政经济出版社2008年版，第102—108页。

三   总体信息披露

《国有企业公司治理：对 OECD 成员国的调查》将国有企业总体信息披露的主要类型划分为四种：提交给议会的总体报告，总体年度报告，其他信息披露制度和国有企业测量和评估。这四种类型的总体信息披露制度的内容如表 3—2 所示。

表 3—2   四种类型总体信息披露的内容比较

名称	主要内容	备注
提交给议会的总体报告	国有企业运营情况、经济状况和效益、国有企业的活动、财务业绩	OECD 中的很多成员都会向议会提交总体报告，但是不同国家向议会提交的总体报告的内容差别很大，这个提交给议会的总体报告不是对国有企业的全面业绩作总体报告，这是其与下面总体年度报告最大的区别

续表

名称	主要内容	备注
总体年度报告	国家所有权政策、在国家行政管理框架内行使所有权智能的组织结构、国有部门的历史沿革、总体财务信息以及最重要的国有企业的单独报告和国有企业董事会变动的报告	OECD 中的少数国家公布不太详细的、包括全部国有部门的全面年度报告；在 OECD 中只有极少数国家公布总体报表，这在会计意义上与合并报表不一样
其他信息披露制度	所有权实体的组织结构、所有权政策，也包括国有经济的规模、演进和业绩，与国家所有权政策和国有企业公司治理有关的文件	为了向公众披露总体信息，一些所有权实体建立了自己的网站，并在网站上公布了大量重要的信息
国有企业测量和评估	财务业绩的测量指标：息税前利润（EBIT）或净资产收益率（ROE），经济增加值（EVA）；非财务业绩的测量非常复杂，但是很有用，因为这类指标更能体现国有企业运营的某些特定方面，并为财务业绩的测量提供相关数据	现有国有企业很少进行系统评估，但是荷兰计划以五年为期限对所有国有企业进行评估，以支持议会对此问题的讨论；有少数几个国家开发了以私有企业或类似私有企业的国有企业为基准的国有企业业绩测量体系

资料来源：笔者根据经济合作与发展组织著《国有企业公司治理：对 OECD 成员国的调查》，李兆熙、谢晖译，中国财政经济出版社 2008 年版，第 108—116 页内容整理。

专栏 3—1

三种主要的国有企业报告制度

目前，我国三种主要的国有企业报告制度：事前报告制度、事后报告制度和总体报告制度。

事前报告制度通常是普通《公司法》强制要求的补充，其内容主要是关于目标的制定。在大多数情况下，它是和业绩报告一起进行的。在不同的国家，设定目标和报告业绩的方式有很大的差异，而且近年来，一些 OECD 成员国对其进行了很多非常重要的改革。

事后报告制度披露的内容包括财务报告、董事会或公司治理的报告，以及一些国有企业需要提供的特殊报告。近年来，在大多数

OECD 成员国中，国有企业在进行事后报告制度方面有了很大的改进，而且国有企业不断提高报告的详细程度，达到了普通股份公司的水平。

总体报告制度的内容包括全部国有部门的各种形式的报告，既可由所有权实体实施，也可由具体的国家审计或控制实体实施。总体报告制度旨在向议会汇报和向公众通报有关情况，报告的内容和质量在各 OECD 成员国中有很大的差异。

资料来源：经济合作与发展组织：《国有企业公司治理：对 OECD 成员国的调查》，李兆熙、谢晖译，中国财政经济出版社 2008 年版。

第三节　OECD 成员国家国有企业信息披露的
经验借鉴与启示

一　两种不同类型的信息披露主体

在 OECD 成员国家中，根据信息披露的主体性质不同可以将国有企业信息披露的形式分成两种类型：一种是由各个国有企业自己编制经营报告并且通过网站等媒体进行公开披露，比如澳大利亚、瑞典；另一种是不仅单个国有企业要进行信息披露，而且政府的投资管理部门或机构还要将全国的国有企业的经营情况进行汇总，并将汇总后的国有企业整体报告向社会公开披露，比如奥地利。笔者认为单个国有企业的经营信息公开和国有企业整体经营状况的公开都是很有必要的，单个国有企业经营信息的披露可以使公众了解某个企业的经营信息，而国有企业整体情况的信息披露可以使公众了解整个国家国有企业的总体状况，便于对国家经济发展的分析，有利于国家宏观调控。笔者不赞成只将国有企业总账公开即只公开披露国有企业整体经营信息，而单个国有企业不进行公开披露的形式，这样不利于国有企业的监督，因为不能将责任精确定位落实的情况会导致"滥竽充数"现象，不利于对国有资产经营情况的有效监督、奖勤罚懒、经营责任的追究。

二　涵盖范围广泛的信息披露对象

毋庸置疑，信息的使用者和需求者就是信息披露对象，上市公司的信息使用者和需求者包含了上市公司的股东、潜在投资者和其他利益相关者。股东和潜在投资者无疑是上市公司信息最主要的需求者和使用者，上市公司股东需要获得上市公司的经营情况来判断自己的去留，然后利用证券交易市场上的股票的流动性"用脚投票"；上市公司的潜在投资者需要凭借上市公司的经营信息的披露来判断自己是否要成为该公司的"所有者"——股东。

国有企业的信息需求者与上市公司的信息需求者既有相同又有不同之处，国有企业的信息需求者和使用者主要是指公司的股东及其利益相关者。国有企业因为具有全民性的特征，即国有企业的生产资料归全体人民——公众所有，因此从实际股东的数量上来看，国有企业的股东数量要大大超过一般上市公司的股东数量，但是现有的国有企业的信息披露并未将国有企业真正的股东——全体人民纳入到信息披露对象中来，这极大地限制了国有企业的真正所有者对国有资产经营的知情权和监督权。近年许多国家和组织都已经意识到国有企业信息公开透明的重要意义，国有企业信息披露的对象也渐渐由原来的国家政府部门开始拓展到社会公众。

在 OECD 成员国家中，国有企业信息披露对象从原来的只包含政府部门向包含社会公众拓展的这一趋势表现明显，很多 OECD 成员国家都开始要求国有企业比照上市公司，甚至比上市公司更严格地对社会公众进行信息披露。但是这些执行国有企业信息披露的OECD 成员国家在具体执行过程中略有不同的是，有的国家会根据信息披露的内容性质的不同对信息披露对象进行区别选择。比如，在澳大利亚，国有企业的进程报告是提交给部长级的秘密文件，披露对象仅限于部长级的政府官员，并不向社会公开披露；而年度报告和企业目标声明中部分内容是可以同时向国会和公众公开披露的。澳大利亚的国有企业的信息披露制度充分体现了针对不同对象进行不同内容披露的特点。另有许多国家，如奥地利和瑞典都是同时将单个国有企业和国有企业汇总报告向政府相关部门和公众同时公开披露的。

三　比照上市公司，独具特点的信息披露内容

信息披露的最终目的是确定信息披露内容的最重要的依据和基础。国有企业信息披露的最终目的就是使国有企业的经营公开透明，避免由于暗箱操作给企业经营管理者带来寻租的机会，避免由于国有资产监管的失败导致国有企业经营管理者不顾国有资产的自利行为的发生。由此可见，对国有企业信息的披露必须要能充分反映国有企业的经营状况和经营成果，使作为最根本股东的社会公众、政府部门以及其他利益相关者都可以通过企业所披露的信息对国有企业的经营状况作出判断；国有企业信息披露的内容确定的依据应该以能够最大化提升国有企业经营管理者的违约成本，最大化发挥对国有企业管理者的激励和约束作用为依据。

从现有的 OECD 相关规定和实践活动来看，这些国家的国有企业信息披露内容除了具有比照上市公司信息披露内容要求的特征外，还可以看出一些国有企业独有的特点。比如在瑞典国有企业信息披露中的"社会责任目标"以及"社会责任履行和可持续发展"的内容就充分反映了国有企业目标的复杂性和多重性，即具有经济目标同时还具有社会目标、担当社会责任的特征。

根据 OECD 组织对该组织成员国家国有企业信息披露的调查研究结果，我们可以将现有的 OECD 成员国家的国有企业披露制度的内容分为两类模式：第一类是单个国有企业信息披露和全部国有企业信息汇总披露并存的模式，在此模式中，国家一方面要求单个国有企业参照上市公司信息披露的规定进行信息披露上报相关政府部门和向社会公开披露；另一方面又要求相关的政府部门将所有国有

企业所报告的信息情况进行汇总，编制出该国家国有企业的整体信息披露报告，通过撰写一个类似于行业分析报告一样的报告将该国国有企业的整体情况作一介绍，执行这种模式的代表国家是澳大利亚和瑞典；第二类是国有企业所有权人代表的控股公司信息披露模式，这种模式中国家会选取一个作为国有企业所有权人代表的控股公司进行信息披露，其所反映的是该国所有国有企业的经营状况，此类模式的代表国家是奥地利，奥地利的 OIAG 作为该国众多国有企业的控股公司之一，该公司的年度报告能够反映出该国的国有企业的经营状况。从现有的关于 OECD 成员国家国有企业信息披露的研究成果来看，无论哪种模式的信息披露，对于公司基本状况、投资组合、财务状况、治理情况的披露都是必不可少的，而这些内容也是上市公司信息披露的核心内容。

四　公开透明、形式灵活的信息披露渠道

信息披露渠道包含了信息披露对象获取信息披露内容的途径和频率。信息披露的途径主要有网络、文件、报纸等，信息披露时间可以根据信息内容性质分成年度披露、季度披露、半年度披露以及临时披露。信息披露的渠道和方式的选择关系到信息披露的对象能否有效获得所需要的信息，这种有效性既包含获得信息成本的最小化，即信息搜寻和获取的时间成本、经济成本的最小化；又包含了获得信息的真实、准确、及时性，即能否尽快尽早地搜寻和获得所需要的信息。OECD 成员国家在进行国有企业信息披露时所采用的信息披露渠道形式灵活，非常有利于社会公众获取国有企业的经营信息，表 3—3 列示了奥地利、瑞典以及澳大利亚三个国家国有企业信息披露的方式。

表 3—3　奥地利、瑞典、澳大利亚三国国有企业信息披露方式

国家	奥地利	瑞典	澳大利亚
渠道方式	财务报告和年度报告：公开	季度报告、年度报告和经营报告都遵循：公开。政府有关部门保管、接受和起草的有关国有企业的文件、资料，公众有权查阅。 列为机密的信息：如对公司经营活动不利和可能给公司价值带来损失的敏感商业信息；对公众利益和个人的利益可能造成负面影响的信息。公众虽然可以要求查阅这些列为机密的信息，但政府机构可以根据保密法酌情处置。	1. 进程报告：秘密文件 2. 年度报告：公开 3. 企业计划：秘密 4. 企业目标声明：公开

资料来源：根据奥地利、瑞典和澳大利亚政府网站关于国有企业年报相关资料整理。

五　方式多样、注重风险管理的信息披露监管

信息披露监管主要是指在国有企业进行信息披露时，如何通过一定手段、制度和程序确保国有企业的信息披露真实、有效，为国家或者所有权实体对国有企业经营情况的掌握和国有资产的保值增值提供有理有力的依据。现有的 OECD 成员国家国有企业信息披露的监管可以根据性质不同，分为会计和审计监管、报告制度和程序控制监管、业绩和风险管理。

OECD 成员国家在绝大多数情况下，国有企业使用与公众公司相同的会计和审计准则。总的来说，在一般会计准则中并没有特别固定或豁免条例[①]。大多数成员国家中，国有企业同样要接受外部审计人员的审计。但是各国审计人员的特点和选择方式有所不同。表 3—4 列示了一些国家外部审计的形式和特点。国有企业在会计和审计上更加严格、细致的要求，确保了国有企业信息披露的有效性和真实性，是 OECD 成员国家对国有企业信息披露监管的一个重要手段。

---

① 经济合作与发展组织：《国有企业公司治理：对 OECD 成员国的调查》，李兆熙、谢晖译，中国财政经济出版社 2008 年版，第 116 页。

表 3—4　　　　　　　OECD 成员国家外部审计的形式和特点

国家	外部审计形式	备注
法国、挪威、波兰	由独立的注册外部审计人员负责对所有国有企业进行审计	法国也有政府特派员，行使类似比利时政府特派员的权力
英国	独立审计人员的审计（除了运营基金以外）	
比利时、意大利	每个国有企业的审计工作都由四个外部审计人员进行，其中两人由国家控制机构任命	在比利时，政府特派员代表部长参加每个国有企业的董事会和管理委员会，以监督其公共服务的业绩和对法律、公司章程和经营合同的遵守情况
澳大利亚	国有企业由官方"审计总署"进行审计	审计总署是国家特殊的审计实体，他们在获取有关文件、进入办公场所和接触国有企业职工等方面拥有很大的权力
瑞典	国家审计局在业绩审计的范围内可以检查国家以有限公司形式从事的各种活动	
土耳其	高等审计委员会在总理府的授权下，要对国有企业及其子公司和关联公司进行定期的审计和监控	

　　资料来源：笔者根据经济合作与发展组织著《国有企业公司治理：对 OECD 成员国的调查》，李兆熙、谢晖译，中国财政经济出版社 2008 年版，第 117—118 页内容整理。

　　绝大多数 OECD 成员国家既要求国有企业遵守普通公众公司的报告制度，也要求其遵守为国有企业所规定的特殊报告制度和控制程序，旨在通过对国有企业进行严格的运营控制，确保国有企业保值增值和国有资产的安全。但是这种通过特殊报告制度和控制程序来管控国有企业信息披露和监管国有资产安全的方式，在实践中受到了一些挫折，开始由国家尝试通过对国有企业业绩和风险全面管理的方式来监管国有企业信息披露。专栏 3—2 就是《国有企业公司治理：对 OECD 成员国的调查》对 OECD 成员国家国有企业信息披露监控方式转变的一个介绍。

专栏 3—2

OECD 成员国家国有企业信息披露监控
方式的转变：从分散控制到风险监控

在许多 OECD 成员国家中，国有企业既要遵守普通公众公司的报告制度，也要遵守为国家实体制定的特殊报告制度和控制程序。

法国议会关于国有企业管理的报告得出一个重要的结论，即有时候，对于国有企业实施的大量的报告制度和控制制度，不仅没有使得国有企业总体状况更加透明，也没能使作为所有者的国家更好地监控国有企业。根据该报告的描述，国有企业一方面受到沉重的运营控制，另一方面受到大量不恰当的战略控制（参看附录：控制烦琐但监控效果平庸：法国案例）。这些控制措施被描述为"沉重且混乱""无处不在且零碎和不恰当""在规模和数量上过多"。国家十有八九会干预企业的运营管理，而不是企业的战略事宜或控制问题。这种情况下，控制机构之间相互依赖会导致对国有企业控制的失效，并使国有企业管理层和董事会的部分责任缺位。法国前景及财政部部长 Francia Mer 总结说："控制机构不可捉摸，如果国家什么都想抓，就往往什么也抓不住。……控制措施叠加起来，有时反而变得毫无效用，最终导致国有企业失控。"

因此，虽然国有企业有时要遵守一系列的控制和报告要求，但是这并没有避免国家在某种程度上丧失对一些大型国有企业的战略导向和风险承担的控制。现有的体制最终被认为不足以提供应对新出现风险的防护措施。

一些 OECD 成员国正在或准备对控制国有企业所采取的方式进行反思。各国不再控制诸如工资或投资等这些国有企业行为和政策的特殊方面，而是转而控制国有企业的全面业绩和风险管理。前一种控制方法源于过去对国有企业进行密切监控的历史，后一种控制方法表明了国有企业正在向自主经营的方向发展，而国家作为股东则表现出更加重视业绩结果的态度。

为了应对解除管制和公开竞争带来的财务、运营、政治、声誉和商业风险，一些 OECD 成员国已经开始在国有企业中引入或增强了风险管理体系。风险管理体系旨在确定、评估和最终监控公司面临的各种风险，其主要目标首先是充分意识到已经出现的风险，其次是采取预防性措施以避免或降低这些风险。对风险进行细致的辨别和考虑是公司战略规划不可或缺的一部分，这也使得决策过程具有更高的透明度，并最终使我们可以在事前作出反应而不是在事情发生之后才采取行动，这样就可以避免产生"令人不快的意外"。

风险管理是国有企业董事会，尤其是其审计委员会的一项基本职责。这种指责包括确保在公司内有足够的程序有效地确认各种危机，设定风险的可接受级别和采取措施降低或应对风险。审计委员会应该对报告和监控风险的政策进行批准，并监督其实施情况。内部审计程序能够加强风险监控，并将风险管理整合到公司总体战略过程中。

国有企业外部风险评估在绝大多数 OECD 成员国中还不普遍，但是由于近来一些挫折造成的压力，外部风险评估也开始发展起来。这种外部风险评估可以详细审查风险管理的程序，并独立检查该程序的整体性和完全性。最近，一些 OECD 成员国也开始对国有企业雇员进行专业的风险管理培训。

所有权实体越来越多地要求国有企业以系统的方式对其风险管理体系进行报告，其内容包括定期对公司规划进行简要说明和讨论。这种报告通常包括对所采取的风险管理体系的描述，以及对已部署风险管理体系充分性的保证（董事会关于实施效果的声明）。该报告还包括企业对相关政策和程序的遵守情况和定期检查的情况。

国家作为股东，总是对国有企业的风险非常敏感，因为国家往往明确的或隐讳的被认为是这些危机的第一保证人。这也是国有企业被限定在它们被允许从事的活动范围之内的主要原因。股东实体对风险管理越来越敏感，通过鼓励国有企业建立有效的风险管理体系，可以使国有企业董事会和股东实体能够密切地监控风险。但是，对国有企业风险管理的额外具体规定——例如定期外部风险评估——依然极为少见。

　　资料来源：经济合作与发展组织：《国有企业公司治理：对 OECD 成员国的调查》，李兆熙、谢晖译，中国财政经济出版社 2008 年版，第 122—127 页。

　　从专栏 3—2 可以看出，要求国有企业以系统的方式对其风险管理体系进行报告的方式已经开始越来越多地取代原来的方式，成为 OECD 成员国家比较广泛采用的国有企业信息披露监管的方式。在要求国有企业进行风险管理报告时，所有权实体一方面要求企业就其企业内部的风险管理情况、企业对相关政策和程序的遵守情况和定期检查情况进行汇报；另一方面要求企业对其企业外部风险也要作定期评估，这种内外兼顾的风险管理监管方式，确保了国有企业董事会和股东实体可以有效地、密切地监控风险，实现国有企业信息披露的目标。

第四章 中国上市公司信息披露制度的
经验借鉴*

信息披露制度最早出现在上市公司中，信息披露制度作为上市公司和其投资者沟通经营和资金运作信息的方式，可以通过信息公开和透明最大限度地减少由于信息不对称带来的代理问题和造成的代理成本，是上市公司的投资者用以监督自己所投资的资本或者选择资本投资对象的一个比较有效的方式。上市公司的信息披露制度从出现到现在，在一定程度上有效地缓解了信息不对称，监督和约束了公司内部人员的行为，最大可能地保护了投资者的权益。

本章主要是通过梳理上市公司信息披露制度产生发展的历程，剖析上市公司信息披露制度现状及存在的问题，探寻信息披露制度在缓解信息不对称、监督约束内部人行为以及保护投资者权益方面发挥作用的路径和机理，为非上市国有企业信息披露制度的构建提供现实经验和启示。上市公司信息披露制度根据所处上市公司经济活动的不同的阶段被分为两类：发行市场和交易市场。发行市场主要是为了审核公司是否具有上市资质，确保合格的公司进入资本市场；交易市场的信息披露制度则主要是为了投资者更好地选择资本去向和监控自己的资本经营状况。因此，本章对上市公司信息披露制度的经验借鉴，主要集中在交易市场的上市公司信息披露制度。

---

* 本章部分内容参考了郭媛媛《公开与透明：国有大企业信息披露制度研究》，经济管理出版社 2012 年版，第 72—75、81—88 页。

第一节　中国上市公司信息披露的相关规定

中国证券交易市场上市公司信息披露制度分为两大类：定期报告制度和临时报告制度。下面两部分将分别对中国上市公司定期报告制度和临时报告制度的内容作一详细梳理和论述。

一　定期报告制度

中国上市公司定期报告制度主要涵盖两种类型：年度报告和中期报告。年度报告为每年披露一次，一般在第二年的年初披露；中期报告包含了第一季度报告、半年度报告和第三季度报告。不论是年度报告还是中期报告，它们的基本内容都是相似的，主要是披露上市公司最基本的财务、公司治理等方面的信息。

（一）年度报告

1994 年，中国证监会颁布实施了《公开发行证券的公司信息披露的内容与格式准则第 2 号——年度报告的内容与格式》，其中对上市公司的年度报告披露的内容和期限作出了详尽的规定，中国上市公司的年度报告都是按照这一规定的内容编写和报告的。此后的 20 余年间，中国证监会根据实践发展和需要，对《年度报告的内容与格式》进行了 10 余次修改，表 4—1 列示了这 20 余年间，中国证监会对其修改的主要内容。

表 4—1　　　　　　　　　　证监会颁布的年报相关规定

年份	年内与年报有关的规则制定情况	年报编制修改的主要内容	特征分析
1995	基本依照 1994 年发布的年报准则执行	增加披露：分配议案；对应收账款、未分配利润等 8 个主要项目在财务附注指引中详细披露；公司财务状况、投资情况、员工情况、前次募集资金使用及变更情况原因和高级管理人员持股变动情况等的披露	方便阅读，从内容到形式规范化，逐步国际化。增加了真实性和严肃性

续表

年份	年内与年报有关的规则制定情况	年报编制修改的主要内容	特征分析
1996	同上，另外 1997 年 1 月发布《关于 1996 年上市公司年度报告编制工作中若干问题的通知》	对申购新股资金冻结利息、上市公司税收、合并报表在建工程等财务处理作出更详细规定，对收购等资产量组中涉及的资产、负债和权益变化的处理做出明确说明	部分内容披露格式更加详细，具体化特征显现
1997	使用第一次对年报准则修改后的规定	首次确定股东权益不包含少数股东权益概念，增加调整后的每股净资产指标，增加加权每股收益、加权净资产收益率、加权每股净资产和调整后的每股净资产等指标	避免上市公司在计算财务指标中的无标准现象，增加投资者判断上市公司的真实性
1998	《股份有限公司会计制度》实施；《证券法》的出台	首次用现金流量表替代使用 7 年的财务状况变动报；全面披露董事监事年度报酬；增加亏损提前及时预告和原因分析；增加因股本变动后的每股收益；明确调整后的每股净资产计算公式；年报摘要的规定增加部分科目	体现信息披露的透明性原则、及时性原则和便于阅读性原则
1999	同上，第二次对年报准则修改；增加财政部颁发《股份有限公司会计制度有关会计处理问题补充规定》	增加四项计提（所收款项、存货、短期投资和长期投资）、"扣除非经常性损益后的净利润"、"每股经营活动产生的现金流量净额"的披露	伴随会计制度的完善而增加真实性、稳健性、充分性，减少随意性
2000	第三次对年报准则修订：颁布大量的信息披露编报规则；中国证监会发布《关于上市公司 2000 年度报告披露工作有关问题的通知》	年度报告全文及相关补充、说明、更正公告首次上网，年报摘要见报纸；首次强制说明不分配原因和预计下一年分配比例、次数、方式；首次专栏披露公司"三分开"（人员、资产、财务）治理状况；预亏公告年度结束二个月刊登，连续三年亏损发布三次预亏提示公告，增加会计报表附表	本年度信息披露规则颁布最多，要求进一步提高，强调公司治理结构、增加预测性信息的披露、增加风险提前提示公告次数，减少内幕交易等行为

续表

年份	年内与年报有关的规则制定情况	年报编制修改的主要内容	特征分析
2001	第四次对年报准则修订	在重要提示中增加公司负责人、会计负责人对年报真实完整的声明；提倡公司对非财务信息披露与评估；提出八项计提；显示公允的重组收益计入资本公积的规定；规定审计报告类别明确，不得含糊不清；量化业绩预告上限与个限；初次实施年报均衡披露。删除部分内容	明确公司内部会计人员和审计人员责任，制止通过关联交易投资重组虚增利润行为。增加信息披露真实性、透明性、责任人格化性、披露时间安排的均衡性
2002	第五次对年报准则修订（2003 年 1 月）	年报摘要首次表格化披露；增加对聘任与解聘会计师事务所、支付报酬聘任年限的披露；提前在三季报中预测年度业绩并及时修正预测；提倡信息披露实质重于形式原则，主张披露未来经营成果的重大事项和不确定因素	突出年报披露标准化；责任更明确；注重实质性内容；注重对盈利能力的披露；强调业绩预告的连续性
2003	第六次对年报准则修订（2003 年 12 月）	增加披露前 10 名流通股股东、重大资产损失相关责任人追究预处理情况、注册会计师对控股股东及关联方占用资金情况、违规担保情况；同时强调业绩预告及时性和连续性	增加持股透明度，落实责任追究制度，遏制关联方占用上市公司资金行为
2007	《公开发行证券的公司信息披露内容与格式准则第 2 号——年度报告的内容与格式（2007 年修订）》	在董事会报告部分对内容作了更加详细的规定，明确指出董事会报告内容包括但不限于两大类内容，包含（一）报告期内公司经营情况的回顾，共计六点内容；（二）对公司未来发展的展望，共计四点内容	将董事会报告的内容作了细化和明确
2012	《公开发行证券的公司信息披露内容与格式准则第 2 号——年度报告的内容与格式（2012 年修订）》	在年报内容部分首次提出公司应当对可能造成投资者理解障碍以及特定含义的术语作出通俗易懂的解释，年度报告的释义应当在目录次页排印。公司应当在年度报告目录后单独刊登重大风险提示	新增了重要提示的内容

资料来源：根据谢清喜《我国上市公司信息披露的有效性研究》，博士学位论文，复旦大学，2005 年；中国证监会网站、上海证券交易所网站和深圳证券交易所网站资料整理。

纵观中国证监会对年报准则的数次修改，基本思路是从内容到形式强调信息披露的及时性、完整性、透明性、真实性、简明性、责任人格化和信息预测的可靠性，另外突出对非会计信息披露的及时性和连续性，并突出公司治理结构的建设性（谢清喜，2005）。

（二）中期报告制度

中期报告是在会计年度内编制的月度、季度和半年度报告。中国上市公司中期报告不包括月度报告，主要是指半年度报告和季度报告；而美国、新加坡、英国的上市公司的中期报告都包含了月度报告，中期报告有利于投资者对投资的实时监管和更加科学有效的投资决策，同时对于确保社会资源的优化配置也起到非常重要的作用。中国证监会对上市公司中期报告的规定始于《股票发行与交易管理暂行条例》（1993），之后的20余年的时间里，中国证监会对上市公司中期报告的相关规定也作了数次的修改和完善，表4—2体现了这些修改和完善的内容。

表4—2　　　中国上市公司中期报告相关准则制度规定分析表

相关准则、制度	修订情况说明	有关规定
《股票发行与交易管理暂行条例》（1993年4月25日颁布施行）	无修订。1993年6月10日，中国证监会根据该《条例》和《股份公司规范意见》关于上市公司信息披露的规定制定的《公开发行股票公司信息披露实施细则》	第五十七条规定："在每个会计年度的前6个月结束后60日内提交中期报告"并在第五十八条规定了中期报告应当包括的内容
《公开发行股票公司信息披露实施细则（试行）》（1993年6月12日颁布施行）	无修订。在《股票发行与交易管理暂行条例》和《股份公司规范意见》基础上制定。目前被具体的信息披露格式准则、各种规范意见和备忘录等形式所具体化	第十三条规定："公司应当在每个会计年度不少于两次向公众提供公司的定期报告。定期报告包括中期报告和年度报告。"第十四条规定："公司应当于每个会计年度的前6个月结束后60日内编制完成中期报告。"

续表

相关准则、制度	修订情况说明	有关规定
《公开发行证券的公司信息披露的内容与格式准则第 3 号——半年度报告》（2003 年 6 月 24 日颁布施行）	分别在 1996 年 6 月、1998 年 3 月、2000 年 6 月、2002 年 6 月和 2003 年 6 月进行了 5 次修改	该准则要求上市公司应当在每个会计年度的前 6 个月结束后 2 个月内编制完成中期报告，并将中期报告登载于中国证监会指定的国际互联网网站上，并要求上市公司应当在中期报告中披露财务会计报告（包括资产负债表、利润表及利润分配表、现金流量表）、重要事项、主要财务数据和指标等信息
1998 年 1 月 1 日起施行的《股份有限公司会计制度——会计科目和会计报表》（已废止）	无修订	总则中明确规定："中期财务报告采用的会计政策和会计处理方法一般应与年度财务报告一致"
《中华人民共和国证券法》（1998 年 12 月 29 日颁布，1999 年 7 月 1 日起施行）	2003 年起酝酿修订，在 2004 年中期已经有了初步的修改意见	第六十条规定："股票或债券上市交易的公司，应当在每一会计年度的上半年度结束之日起 2 个月内向国务院证券监督管理机构和证券交易所提交记载以下内容的中期报告，并予公告……"
《公开发行证券的公司信息披露编报规则第 13 号——季度报告内容与格式特别规定》（2001 年 4 月 6 日颁布施行）	分别在 2002 年 12 月、2003 年修改	第二条规定："季度报告是中期报告的一种。"第四条规定："公司应在会计年度前 3 个月、9 个月结束后的 30 日内编制季度报告。"第七条规定：上市公司"无需披露完整的财务报表，但应披露简要的合并利润表与合并资产负债表"
《企业会计准则——中期财务报告》（2001 年 11 月颁布）	无修订	该准则明确规定："中期，指短于一个完整的会计年度的报告期间。……企业应在中期会计报表中采用与年度会计报表相一致的会计政策"

资料来源：根据谢清喜《我国上市公司信息披露的有效性研究》，博士学位论文，复旦大学，2005 年；中国证监会网站、上海证券交易所网站、深圳证券交易所网站资料整理。

二　临时报告制度

临时报告是上市公司持续性信息披露的重要组成部分。上市公司按照有关法律法规及规则的规定，在发生重大事项时需要向投资者和社会公众披露的信息，被称为上市公司的临时报告。世界各国对上市公司临时报告信息制度的规定都非常严格，中国也不例外。在中国，有关法律法规和证券交易所上市规则不仅对上市公司需要及时披露的临时信息的内容有严格规定，对临时报告中信息披露的程序、信息披露的方式和手段也都有明确的规定。

专栏 4—1

上海证券交易所《股票上市规则》（2012 年版）
对临时报告的规定

第七章　临时报告的一般规定

7.1　上市公司披露的除定期报告之外的其他公告为临时报告。

临时报告的内容涉及本规则第八章、第九章、第十章和第十一章所述重大事项的，其披露要求和相关审议程序在满足本章规定的同时，还应当符合以上各章的规定。

临时报告应当由董事会发布并加盖公司或者董事会公章（监事会决议公告可以加盖监事会公章）。

7.2　上市公司应当及时向本所报送并披露临时报告。临时报告涉及的相关备查文件应当同时在本所网站披露。

7.3　上市公司应当在以下任一时点最先发生时，及时披露相关重大事项：

（一）董事会或者监事会就该重大事项形成决议时；

（二）有关各方就该重大事项签署意向书或者协议（无论是否附加条件或期限）时；

（三）任何董事、监事或者高级管理人员知道或应当知道该重大事项时。

7.4　重大事项尚处于筹划阶段，但在前条所述有关时点发生之前出现下列情形之一的，上市公司应当及时披露相关筹划情况和既有事实：

（一）该重大事项难以保密；

（二）该重大事项已经泄露或者市场出现传闻；

（三）公司股票及其衍生品种的交易发生异常波动。

7.5　上市公司根据第7.3条、第7.4条的规定披露临时报告后，还应当按照下述规定持续披露重大事项的进展情况：

（一）董事会、监事会或者股东大会就该重大事项形成决议的，及时披露决议情况；

（二）公司就该重大事项与有关当事人签署意向书或者协议的，及时披露意向书或者协议的主要内容；上述意向书或者协议的内容或履行情况发生重大变化或者被解除、终止的，及时披露发生重大变化或者被解除、终止的情况和原因；

（三）该重大事项获得有关部门批准或者被否决的，及时披露批准或者否决的情况；

（四）该重大事项出现逾期付款情形的，及时披露逾期付款的原因和付款安排；

（五）该重大事项涉及的主要标的物尚未交付或者过户的，及时披露交付或者过户情况；超过约定交付或者过户期限三个月仍未完成交付或者过户的，及时披露未如期完成的原因、进展情况和预计完成的时间，并每隔三十日公告一次进展情况，直至完成交付或者过户；

（六）该重大事项发生可能对公司股票及其衍生品种交易价格产生较大影响的其他进展或者变化的，及时披露进展或者变化情况。

7.6　上市公司根据第7.3条或者第7.4条在规定时间内报送的临时报告不符合本规则有关要求的，可以先披露提示性公告，解释未能按要求披露的原因，并承诺在两个交易日内披露符合要求的公告。

7.7　上市公司控股子公司发生的本规则第九章、第十章和第十一章所述重大事项，视同上市公司发生的重大事项，适用前述各章的规定。

上市公司参股公司发生本规则第九章和第十一章所述重大事项，或者与上市公司的关联人进行第 10.1.1 条提及的各类交易，可能对上市公司股票及其衍生品种交易价格产生较大影响的，上市公司应当参照上述各章的规定，履行信息披露义务。

资料来源：上海证券交易所《股票上市规则》(2012 年版)。

专栏 4—2

深圳证券交易所《股票上市规则》(2012 年版)

第七章　临时报告的一般规定

7.1　临时报告是指上市公司按照法律、行政法规、部门规章、规范性文件、本规则和本所的其他相关规定发布的除定期报告以外的公告。

临时报告披露内容同时涉及本规则第八章、第九章、第十章和第十一章所述重大事件的，其披露要求和相关审议程序应当同时符合前述各章的相关规定。

临时报告（监事会公告除外）应当加盖董事会公章并由公司董事会发布。

7.2　上市公司应当及时向本所报送并披露临时报告，临时报告涉及的相关备查文件应当同时在本所指定网站上披露（如中介机构报告等文件）。

7.3　上市公司应当在临时报告所涉及的重大事件最先触及下列任一时点后及时履行首次披露义务：

（一）董事会或者监事会作出决议时；

（二）签署意向书或者协议（无论是否附加条件或者期限）时；

（三）公司（含任一董事、监事或者高级管理人员）知悉或者理应知悉重大事件发生时。

7.4　对上市公司股票及其衍生品种交易价格可能产生较大影响的重大事件正处于筹划阶段，虽然尚未触及本规则7.3条规定的时点，但出现下列情形之一的，公司应当及时披露相关筹划情况和既有事实：

（一）该事件难以保密；

（二）该事件已经泄露或者市场出现有关该事件的传闻；

（三）公司股票及其衍生品种交易已发生异常波动。

7.5　上市公司按照本规则7.3条规定首次披露临时报告时，应当按照本规则规定的披露要求和本所制定的相关格式指引予以公告。在编制公告时若相关事实尚未发生的，公司应当严格按要求公告既有事实，待相关事实发生后，再按照本规则和相关格式指引的要求披露完整的公告。

7.6　上市公司按照本规则7.3条或者7.4条规定履行首次披露义务后，还应当按照以下规定持续披露有关重大事件的进展情况：

（一）董事会、监事会或者股东大会就已披露的重大事件作出决议的，应当及时披露决议情况；

（二）公司就已披露的重大事件与有关当事人签署意向书或者协议的，应当及时披露意向书或者协议的主要内容；上述意向书或者协议的内容或者履行情况发生重大变更，或者被解除、终止的，公司应当及时披露变更、解除或者终止的情况和原因；

（三）已披露的重大事件获得有关部门批准或者被否决的，应当及时披露批准或者否决情况；

（四）已披露的重大事件出现逾期付款情形的，应当及时披露逾期付款的原因和相关付款安排；

（五）已披露的重大事件涉及主要标的尚待交付或者过户的，应当及时披露有关交付或者过户事宜；超过约定交付或者过户期限三个月仍未完成交付或者过户的，应当及时披露未如期完成的原因、进展情况和预计完成的时间，并在此后每隔三十日公告一次进展情况，直至完成交付或者过户；

（六）已披露的重大事件出现可能对上市公司股票及其衍生品种交易价格产生较大影响的其他进展或者变化的，应当及时披露事件的进展或者变化情况。

7.7 上市公司按照本规则7.3条或者7.4条规定报送的临时报告不符合本规则要求的，公司应当先披露提示性公告，解释未能按照要求披露的原因，并承诺在两个交易日内披露符合要求的公告。

7.8 上市公司控股子公司发生的本规则第九章、第十章和第十一章所述重大事件，视同上市公司发生的重大事件，适用前述各章的规定。上市公司参股公司发生本规则第九章、第十一章所述重大事件，或者与上市公司的关联人发生第十章所述的有关交易，可能对上市公司股票及其衍生品种交易价格产生较大影响的，公司应当参照前述各章的规定，履行信息披露义务。

资料来源：深圳证券交易所《股票上市规则》（2012年版）。

在中国上市公司临时报告信息披露中还包含一类重要内容——预测性信息，所谓预测性信息，顾名思义，是相对历史性信息而言的，这类信息是预计、预测以及对未来期望的陈述。因为这一类信息主要是陈述者基于主观的估计和预测，通常缺少现有数据能证实其陈述的客观性和正确性，因此预测性信息多采用形容性的陈述。按照预测内容的不同，上市公司临时报告中的预测信息可以分为前景性预测和盈利性预测。前景性预测主要指公司目前已经知道的发展趋势、事件和可以合理预见将对公司未来产生重大影响的不确定因素，属于强制披露范围但没有固定格式要求。后者是公司基于其生产计划和经营环境，对外公开披露的反映公司未来财务状况、经营业绩等的前瞻性财务信息，属于自愿选择披露范围但又相对固定格式而且要经过审计，是上市公司财务报告的重要组成部分（谢清喜，2005）。中国现行的预测性信息涵盖了发展规划、发展趋势预测、盈利预测和业绩预告等几种主要的类型。由于预测性信息自身性质的原因，预测性信息必然存在一定的不确定性，这种不确定性可能会造成预测性信息发布者面临被罚的风险，因此市场中可能出现预测性信息供给不足；同时，又因为预测性信息不确定性可能造成使用者被骗的风险，因此市场中也会呈现对预测性信息需求不足的现象。本章研究的目的是给中国非上市国有企业信息披露制度的设计提供上市公司经验和启示，因为预测性信息的特殊性质，本章并不将其作为研究的重点，而将非上市国有企业经验的获得重点放在当前交易市场中上市公司的定期报告和不包含预测性信息的临时报告上。

第二节　中国上市公司信息披露的相关实践

一　中国上市公司信息披露实践历程

中国上市公司信息披露实践的演进历程可以分为以下三个阶段。

（一）初步建立阶段：1990—1993 年

1990—1993 年末是中国上市公司信息披露制度的初步建立期。1990 年 12 月，上海证券交易所和深圳证券交易所的成立开启了中国证券市场上市公司信息披露制度建立的序幕。同年发布的《上海市证券交易管理办法》——中国第一部比较完整的有关证券交易的地方性法规的颁布，使得我国的证券市场开始逐步走向规范化、制度化；此后的《股份有限公司规范意见》（1992）、《股票发行与交易管理暂行条例》（1993）、《公开发行股票公司信息披露实施细则》（1993）、《公司法》（1993）等法律法规的颁布，为我国证券市场信息披露制度的初步构建奠定了一个基本的理论框架基础。这个阶段特点可以概括为，信息披露制度基本完成了从地方性规范向全国性规范的演变；邓小平同志的南方谈话极大地推动了广大人民群众对证券市场的认识，在很大程度上促进了政府发展证券市场的速度和步伐；全国性证券监督管理委员会的成立为中国证券市场上上市公司信息披露制度的有效运行提供了坚实的制度保障；在这一时期发生了一些股票异常波动、黑市交易等情况，这些情况使得政府、公众对公开透明、统一规范的信息披露的需求更加强烈。

（二）逐步发展阶段：1994—1999 年

1994—1999 年是中国上市公司信息披露制度的逐步发展阶段。这个阶段中国上市公司信息披露制度获得了较大程度的发展。1998 年12 月 29 日第九届全国人大常委会第六次会议审议通过《中华人民共和国证券法》（1999 年 7 月 1 日起实施）；1999 年 12 月 25 日第九届全国人民代表大会常务委员会第十三次会议通过了《关于修改〈中华人民共和国公司法的决定〉》，对中国《公司法》作出了第一次修正。这一阶段的特点可以概括为，中国此时已经完成了证券市场上上市公司信息披露制度的基本立法，初步形成了以《证券法》为主体，以相关的行政法规、部门规章等规范性文件为补充的全方位、多层次的上市公司信息披露制度体系法律框架。

（三）改进完善阶段：2000 年至今

从 2000 年至今为中国证券市场上上市公司信息披露制度的改进完善阶段。这个阶段中，2005 年 10 月 27 日第十届全国人大常委会第十八次会议通过了修订后的《中华人民共和国证券法》（2006 年 1 月 1日起实施）；2006 年 2 月 15 日财政部同时发布新的会计准则和审计准则体系（2007 年 1 月 1 日起开始实施）；2007 年 2 月 1 日，中国首部全面细化规范上市公司信息披露行为的部门规章——《上市公司信息披露管理办法》公布施行。这一系列法令法规的颁布和修订是中国根据现实的经济发展状况，并且在借鉴国际上的信息披露制度建设经验的基础上对中国现有的证券市场的上市公司信息披露制度进行调整和完善，力求建立一个适合中国证券市场发展、能够充分保护证券市场投资者的公开、透明、科学的信息披露制度。这个阶段的特点可以概括为：信息披露制度中的财务信息生成制度更加完善，先后颁布了《企业会计准则》《企业会计制度》和《企业财务会计报告条例》等法规；对于上市公司信息披露的内容要求更多、更详细，出台了季度报告、业绩报告制度、公司治理信息披露要求以及股票交易特别处理的上市公司信息披露制度；对上市公司信息披露的程度要求更深、及时性要求更高，制定了关于信息披露手段从指定报刊到与国际互联网网站相互补充的规定；发行审核环节出台了一系列的审核标准备忘录，对信息审核标准由原来的审核部门内部掌握变为彻底公开。

从中国上市公司信息披露制度发展历程可以看出，中国上市公司信息披露制度的构建是一个不断发展和完善的过程，通过不断地借鉴国外先进经验，针对中国证券市场发展状况和特有的问题，不断地制定和颁布更加具体、专业和具有可操作性的法律法规，推动中国证券市场上信息披露制度基本框架的构建、发展和完善。信息披露制度的不断健全、公开程度和透明程度的不断提升适应了中国经济发展的需要，适应了对上市公司加强监管的需要。任何制度的构建都不是一个静态的过程，制度的均衡是暂时的，制度的变迁却是持续的，当现实中的基本情况发生变化时就要求制度也要发生相对的改变，通过制度调整与现实状况适配最终形成制度均衡。上市公司信息披露制度的构建如此，国有大企业信息披露制度的构建和发展过程也一定如此，不能寄希望建成一个一劳永逸的制度，而是要首先建立一个基本的框架，再随着现实的状况变化（郭媛媛，2012）。

专栏 4—3

信息披露制度发展的四个阶段

信息披露制度的发展历程可以分为以下四个阶段：

一 账簿披露时代

复式簿记起源于中世纪晚期的意大利。在 12—15 世纪，意大利的会计信息披露进入账户时代，曾先后经历了"佛罗伦萨式"簿记、"热那亚式"簿记和"威尼斯式"簿记三个阶段，如下页表所示。

信息披露账簿时代的三阶段

信息披露账簿时代的三阶段	起源和目的	记账方法	记账对象	记录形式	记账内容和格式
"佛罗伦萨式"簿记（12世纪）	分支机构经营者和所有者在空间和权利上的分离，目的是反映经营状况和财产状况	转账	仅限于债权债务人（人名记账）	叙述式（借贷上下连续登记）	没有格式和特定范围要求
"热那亚式"簿记（14世纪）	"官厅簿记"主要是汇报给当地长官	复式	债权债务（人名账户）、商品、现金（物名账户）	左借在贷账户对照式（两侧型账户）	内容包括日期、每笔经纪业务的性质、相关者、金额其他总账的对照检索
"威尼斯式"簿记（15世纪）	投资人和执行合伙人在空间和权利上的分离	复式	债权、债务、现金（人名账户与物名账户），损益与资本（损益账户与资本账户）	账户式	执行合伙人的航海账户与投资人的账户比较，开始形成固定的格式，没有特定的格式，没有特定范围，也不存在定期报告

资料来源：笔者根据相关资料整理而成。

　　在12世纪，意大利的佛罗伦萨商业非常发达，许多家族企业在外地设立分支机构，并使经营活动遍布世界各地，就形成了分支机构的经营者和所有者的空间和权利上的分离。为了了解和监督外地分支机构的财务状况，所有者要求分支机构汇总会计数据并定期向总部提供以文字叙述为主的总账，从而反映其经营状况及财产状况。这个时期的会计信息披露还是一种内部的会计行为，披露上没有格式，也没有特定的范围。

　　14世纪的"热那亚式"簿记的主要特征是官厅簿记，会计披露内容发生了一定变化。汇报给当地长官的会计披露大致包括日期、每笔经济业务的性质、相关者、金额、与其他总账的对照检索等。

　　到了15世纪，威尼斯在新大陆发现和航海技术发达情况下，作为一个水上贸易城市日益兴起。合伙制企业适应了航海风险大和成本高的特点而发展起来，作为出资者的投资合伙人将商品委托给执行合伙人，执行合伙人设置航海账户，投资人设置商品账户，每次航海结束后执行合伙人向投资人披露航海账户，并与投资人的商品账户进行比较，以确定损益。这个时期，会计信息的披露开始形成固定的格式，但仍然没有特定的范围，也并不存在定期报告的规定。

　　二　财务报表披露时代

　　1494年，卢卡·帕乔利所著的《算数·几何与比例概要》一书在威尼斯出版，是研究和探讨会计思想与会计理论发展的起点，标志着会计信息披露报表时代的开始。这本最早系统论述复式簿记的经典著作，强调了编制"财产盘存目录"的重要性，指出可以通过"试算表"来反映财产目录而不是直接通过账户本身向使用者提供会计信息的思想。这一思想传到欧洲后，德国的马蒂豪斯·施瓦茨在《簿记第一手记》和《第二手记》中改进了试算表，提出用于排列所有总账的借方余额和贷方余额的账户提供会计信息，是会计信息披露的一大创新。荷兰的西蒙·斯蒂文在《数学惯例法》中提出编制"资本状况表"和"损益证明表"，具备了现代资产负债表和损益表的雏形。这些学者的研究为信息披露方式由账簿披露向财务报表披露转变提供了必要的理论支持。

　　但是，会计信息披露实践的真正变革发生在19世纪，在产业革命的推动下，公司制企业特别是股份公司的大量出现引发了对信息披露方式的大变革。公司制的出现，使企业经营权和所有权真正分离，股东（委托人）和经营者（代理人）之间的契约关系需要外在的监督，会计信息的规范披露不再是针对某些特定的人，而是针对股东或潜在的股东。从而，股份公司有了对社会披露会计信息的义务，会计信息的披露才能真正成为对外披露。为了满足社会对会计信息的需求，英国议会在1844年通过了《股份公司注册、设立和管制法案》，对会计信息披露的形式——资产负债表作出了明确的规定，并强制要求公司的报表必须审计，且在股东大会召开前 10 天，必须将附有审计报告的资产负债表提交给股东以及当地注册登记官（Litteleton，1993），随后于 1856 年对该法案又进行了修订，对资产负债表的标准格式又进行了规范，从此，会计信息披露全面进入财务报表披露的时代。

财务报表披露的时代大致可以区分为三个重要阶段：资产负债表时代（从 19 世纪中叶到 20 世纪 20 年代）；损益表时代（从 20 世纪30 年代到 20 世纪 70 年代）；三表并重时代（从 20 世纪 70 年代到 20世纪 80 年代）。这三个会计报表披露时代的发展实际上是各个时期外在需求的结果，同时也是会计理论发展的必然选择。

资产负债表时代，这一时期之所以采用资产负债表披露信息，主要原因如下：（1）报表的外部使用者（投资人、债权银行、供应商等）首先关注的是所投入资产的安全性，决定了投资者依赖资产负债表，银行成为对企业有重要影响的外部人，而银行强调的重点正是资产的安全性；（2）政府主要借助资产负债表实现征收财产税（当时的主要税种）的目的；（3）合伙人、债务关系人、所有者和经营者、兼并关系的矛盾冲突集中于资产计价和财务责任的分担上。因此，这个时期，整个社会比较重视资产负债表，其成为那个时期会计信息披露的中心。

损益表时代，这一时期世界经济重心转移到了美国，美国会计环境的变化影响了信息披露重心变成了损益表。采用的是损益表披露信息，主要原因如下：（1）随着 30 年代会计理论研究的深入，以迪克西为代表的会计学家注重企业的持续经营能力，信息需求方对资产的安全性的关注让位于资产营利性的重视；（2）企业筹资方式从向银行筹资转到发行股票和长期债券融资，由于长期证券的安全保障更多地取决于企业的营利能力，投资者对损益表的关注成为必然；（3）政府对股利发放必须是建立在企业经营盈余的基础上的规定，是报表使用者对企业盈利的关注；（4）第一次世界大战后，所得税征收对收入实现原则的执行加速了会计报表披露的重心向损益表转移。

三表并重时代。三表并重时代的出现是资本市场发展的必然。20世纪70年代，随着对资本市场研究的兴起，人们对定价模型研究越来越感兴趣，认为企业的市场价格应该等于能收到的未来现金流量的现值，开始重视现金流量表。1971年美国的会计原则委员会（APB）发表了第19号意见书，要求企业编制财务状况变动表，国际会计准则委员会（IASC）公布了国际会计准则第7号，也正式把财务状况变动表作为财务报表体系中不可或缺的组成部分。至此，会计信息披露方式进入资产负债表、损益表、财务状况变动表三表并重的阶段。1987年11月美国财务会计准则委员会（FASB）发布95号《财务会计准则公告》，要求从1988年7月起，以"现金流量表"代替"财务状况变动表"。

三　财务报告披露时代

1978年美国财务会计准则委员会（FASB）提出将财务报表替换为财务报告的扩大会计信息披露的范围和广度的新思路。1980年，该委员会发表了《财务报表和其他财务报告手段》的邀请评论书，详细阐述了财务报表与财务报告的关系，由此，在理论和实践的双轮驱动下，会计信息披露进入财务报告披露时代。

形成这一阶段的主要原因：（1）在该时期，信号传递理论和有效市场假说推动了会计实证方法的研究，结果是市场各方对会计数字背后所采用的会计政策、会计估计及有信息含量的其他非数字信息需求大增。（2）早在20世纪60年代以后，以鲍尔和布朗为代表的实证会计研究促进了信号传递模型的产生和有效市场假说的发展。他们认为会计信息不仅要反映会计数字，还要有其他信息。1986年休斯将信号传递模型运用到公司会计信息披露上，发现质量好的公司有更好地显示自我的动力。为了提高企业在资本市场上的竞争力和良好形象，企业也乐意提供除了三大会计报表以外有关非财务数字信息，例如，财务预测报告、经营战略信息等。（3）同时，由于会计确认标准的限制和新兴会计业务的出现，使大量有用而财务报表又无法反映的信息只能以表外和会计附注的形式对外披露。（4）新型会计业务的出现使会计确认和计量原则产生了冲突，如金融工具和金融衍生工具显然与企业价值相关，如按会计准则无法合理、统一计量。

四　多层次信息披露时代

财务报表披露是一种定期披露，但是常常存在信息披露滞后，内幕交易泛滥的局面。为了及时披露公司发生的重大信息，有利于公司投资者作出适时适当的投资判断，是经济发展加快，技术开发、产业结构调整处于急速变化中的必然要求。包括临时报告信息披露在内的多层次信息披露制度就产生了。多层次信息披露的目的就是弥补定期财务报告披露的不及时，避免投资者获取信息资料的不平等，有效防止不公平交易的发生，维护证券市场的"三公原则"。

资料来源：谢清喜：《我国上市公司信息披露的有效性研究》，博士学位论文，复旦大学，2005 年；蒋顺才等编著：《上市公司信息披露》，清华大学出版社 2004 年版；刘勤：《中国上市公司信息披露监管的系统研究》，博士学位论文，同济大学，2006 年。

二　中国上市公司信息披露现状评价

（一）积极作用

因为证券交易市场中存在着信息不对称，如果没有相关的信息，投资者无法进行投资决策和对自己投资资本的监督，因此，上市公司依据相关的法律法规披露相关的经营财务信息是十分必要和有意义的。当前的定期报告中对上市公司所需要披露的财务报表内容有详尽完整的要求，这些相关信息可以将该公司在一定时期内的生产经营情况比较充分的描述呈现给投资者，同时所披露的这些信息也可以为政府相关部门、债权人、监管机构等利益相关者提供决策所需的信息基础和依据。吴联生（2000）曾对会计信息的需求进行一次调查，结果表明无论是历史信息或是未来信息都是投资者所需要的，同时，投资者更需要未来的预测性信息。而对三大会计报表需求调查表明，没有一个投资者认为三大会计报表"毫无用处"，大部分投资者认为"非常有用"或"有用"①。

（二）存在的问题

虽然在证券交易市场中上市公司信息披露对于保障投资者的利益、有效监管上市公司和促进社会优质资源的合理配置都发挥了重要的积极作用。但是当前中国证券交易市场中上市公司的信息披露仍然存在一些问题，而从这些问题中引以为戒，对于中国非上市国有企业信息披露制度的构建和完善有着非常重要的现实意义。当前证券交易市场中的上市公司信息披露存在的问题，基本可以概括为以下几点②：

1. 信息披露的结构上：自愿披露不足

根据现有研究结果可以看出，在信息披露的形式上考察，几乎所有上市公司都能依据定期报告准则规定的项目对外披露相关信息；在信息披露的内容上考察，除了财务会计报告等少数几个项目外，大部分上市公司的年度报告只局限于年度报告准则所要求的项目，对自愿披露的项目关注度不高，相关信息的披露也较少。国内外的研究和实践显示，高质量定期报告的一个重要的特点就是强制性信息披露和自愿性信息披露相结合，任何一类信息过多或者过少都会削弱定期报告的质量。

2. 信息披露的真实性上：粉饰财务信息

根据众多学者的研究结果显示，上市公司为了多种原因，可能会对其财务信息进行粉饰，从而影响上市公司信息披露的真实性。公司在上市前为了达到上市目的，采用多种手段粉饰财务年度报表；公司在上市后，为了掩饰经营业绩下滑，逃避相关监管部门的处罚，可能会利用会计准则的漏洞，或者直接做假账，作出虚假的盈利预测、税后利润以及每股盈利等重要数据，继续保持上市资格，欺骗广大投资者。

3. 信息披露的内容上：信息披露不充分

根据信息内容的性质，将从财务信息和非财务信息两个方面来考

---

① 本部分内容引用了谢清喜《我国上市公司信息披露的有效性研究》，博士学位论文，复旦大学，2005 年。

② 本部分内容主要参考了谢清喜《我国上市公司信息披露的有效性研究》，博士学位论文，复旦大学，2005 年。

察当前上市公司信息披露不充分问题。

（1）财务信息披露不充分①

正如前面所说，本部分研究是为了给非上市国有企业提供现实经验和启示，因此，在财务信息披露中笔者将不讨论预测性信息，而将研究的重点放在企业偿债能力和重大财务事项的披露上。当前上市公司在企业偿债能力和重大财务事项上都存在不充分的情况。

企业偿债能力是投资者判断其所面临风险的一个重要依据。企业偿债能力主要是通过计算企业的流动比率、速动比率和资产负债率等指标来评价的，企业偿债能力是企业生存和发展的基础。现行上市公司的会计报告中对企业偿债能力的表述都是通过这些指标比率来实现的，但是这些指标自身的局限性使得其使用者不能够只依靠单纯的指标值来进行该企业偿债能力的判断。

企业重大财务事项主要是指企业的或有事项、承诺事项和期后事项，这些事项对于投资者和监管者对企业经营情况的判断和监管非常重要，但是当前上市公司对重大财务事项的提示多不充分，虽然它们也会在会计报表注释中对这一部分有一定程度的揭示，但这些远远不能满足投资者及其他信息需求和使用者的要求。

（2）非财务信息反映不充分

非财务信息虽然不能量化，不能像财务信息那样给信息使用者以直观的感受，但是其在反映上市公司投资价值上却有着非常重要的作用和意义，因此，非财务信息也是上市公司自身信息的重要组成部分。上市公司的非财务信息主要包括了上市公司的背景、管理和研发团队、已经掌握的核心技术以及对公司未来成长能力和获利能力的评估等关键内容。当前，很多上市公司对于财务信息披露非常看重，而对非财务信息的披露却不是很充分，这一方面是因为前述的非财务信息不能像财务信息那样给投资者直观的吸引力，另一方面也是因为相

---

① 这部分内容主要参考了贾秋菊《上市公司会计信息披露存在的问题及建议》，《企业导报》2010 年 12 月下。

关的披露准则和规定缺少这方面的详尽的强制性规定。

4. 信息披露的时效性上:信息披露不及时

信息披露的时效性是信息披露借以发挥其作用的重要特质之一,缺少时效性的信息披露必然会为证券市场上的内部交易和市场操纵行为留下巨大空间和机会。上市公司信息披露不及时在很大程度上制约和削弱了股东们的知情权,不利于有效减少股东在信息不对称中所处的信息劣势,不利于股东们对上市公司经营情况实行有效的监督。当前,中国证券市场中关于信息披露要求中对公司招股说明书、上市公告书、定期报告和临时报告等披露事项都已经做了严格规定,但是,在证券市场上,信息披露不及时的情况还是屡禁不止、经常发生。

专栏 4—4

证券交易市场中的上市公司信息披露典型案例

案例一:丰乐种业——连续多年虚增利润、虚假披露和未及时披露

2003 年 6 月 5 日,由于合肥丰乐种业股份有限公司(简称:丰乐种业)以前年度存在编造虚假会计资料、募集资金使用虚假披露和未及时履行信息披露义务,受到深圳证券交易所的公开谴责。具体原因如下:

1. 连续五年恶意虚增利润,信息披露严重违规。丰乐种业在2002 年年度报告中对以前年度存在的重大会计差错进行了追溯调整,调减以前年度虚增利润 4005 万元。其中 1997 年虚增利润为 528 万元,1998 年虚增利润为 1438 万元,1999 年虚增利润为 1026 万元,2000 年虚增利润为 71 万元,2001 年虚增利润为 942 万元。

2. 将历年来证券投资及委托理财收益共计 10943 万元计入主营业务利润,其中 1997 年 1749 万元、1998 年 1939 万元、1999 年 1198 万元、2000 年 6057 万元。

3. 公司虚构募集资金投向 5490 万元,其中虚列固定资产 2353 万元、在建工程 2002 万元、长期待摊费用 1135 万元，上述款项实际用于证券投资。

4. 公司大量证券投资和委托理财行为未履行相应的决策程序和信息披露义务，金额巨大。该公司自 1997 年 4 月上市以来，多次动用自有资金和挪用募集资金进行证券投资和委托理财，1997 年底用于证券投资和委托理财的金额 5051 万元、1998 年底 15135 万元、1999 年底 8496 万元、2000 年底 17689 万元、2001 年底 11289 万元。而公司仅在 2000 年年报中披露过委托给上海博采企业有限公司的 6100 万元理财款，其余证券投资和委托理财事项均未披露。

上述事项导致公司自 1997 年至 2002 年中期各年度披露的定期报告均未能真实、准确、完整地反映公司的经营情况和财务状况及募集资金使用情况。

5. 2002 年 9 月 7 日公司又委托给上海博采企业发展有限公司理财款 1.01 亿元受大连证券案牵连，被公安部立案调查，涉及的资金及有价证券被司法冻结，造成该项委托理财预计损失 7000 万元，公司也未及时履行信息披露义务。

丰乐种业案例是典型的在多年定期报告中虚增利润、虚假披露，而对涉及重大事项的临时性报告不进行披露，严重违反了信息披露的相关规定。

案例二：重庆东源——拒绝披露重大信息

重庆东源产业发展股份有限公司 2002 年年度报告及审计报告显示公司主营业务尚未恢复正常，不符合《深圳证券交易所股票上市规则》关于撤销股票特别处理的规定，因此，深圳证券交易所未批准该公司撤销股票特别处理的申请。深圳证券交易所并于 2003 年 7 月 8 日、7 月 21 日及 7 月 28 日分别三次向该公司发出函件，要求立即向投资者披露公司股票不能撤销特别处理这一重大事项。但是该公司对交易所要求不予理会，拒绝披露该重大事项。2003 年 9 月 26 日，深圳证券交易所决定对该公司及该公司的董事予以公开谴责。

案例三：岳阳恒立——屡次违规终不改过

2003 年 3 月到 2004 年 3 月，岳阳恒立股份有限公司先后三次（2003 年 3 月、2003 年 7 月和 2004 年 3 月）因信息披露违规受到深圳证券交易所的内部通报批评，但岳阳恒立未能吸取教训、引以为戒、积极整改，仍继续发生信息披露违规行为。

1. 2004 年 1 月，岳阳恒立控股子公司为湖南深蓝科技有限公司提供临时借款 3300 万元，占岳阳恒立 2003 年经审计净资产 20.63%，岳阳恒立未及时履行信息披露义务。

2. 2003 年，岳阳恒立为其关联公司酒鬼酒股份有限公司提供 5000 万元借款的担保，为湖南国光瓷业集团股份有限公司提供 3300 万元借款的担保，岳阳恒立均未及时履行信息披露义务。

2004 年 7 月 20 日，深圳证券交易所认为岳阳恒立董事对上述违规行为负有不可推卸的责任，决定对岳阳恒立及公司现任部分董事予以公开谴责。

资料来源：谢清喜：《我国上市公司信息披露的有效性研究》，博士学位论文，复旦大学，2005 年。

第三节　中国上市公司信息披露的经验借鉴及启示

信息披露的目的决定了信息披露内容、信息披露对象、信息披露渠道方式以及信息披露监管等信息披露制度的内涵。信息披露的目的对于信息披露制度的构建具有非常重要的决定作用，研究上市公司信息披露的目的对于深入分析上市公司信息披露制度具有非常重要的意义。笔者认为，上市公司的信息披露制度目的可以归纳为以下四点：

（1）保护投资者。投资者购买公司股票，投资公司的最终目的就是使自己的资本得到有效的利用，资本收益最大化，换句话说，就是希望自己的投资能够获得最大的收益。但是所有公司股票的购买者们，即公司的投资者们不可能全部都成为公司的经营管理者，他们只能通过股东大会选举董事会，再由董事会确定管理人员，在这个典型的现代公司治理结构中，委托代理关系是不可避免的，而且在资本市场的上市公司拥有众多的中小股东，他们也不能像大股东一样可以通过参与股东大会，用"手"投票来参与公司的经营活动，绝大多数中小股东只能通过阅读公司在资本市场上所披露的信息，利用可以获得的信息对上市公司进行监督，用"脚"投票。因此，在各国资本市场的发展过程中，都离不开信息披露制度的建立和发展，上市公司通过常规性的信息披露（季度报告、半年度报告和年度报告）以及临时报告（重大事项）将上市公司经营情况、财务指标、治理状况等信息发布在指定的媒体上，从而可以使投资者充分了解上市公司的信息，为投资者的决策提供依据，广大的中小股东就可以根据充分的信息作出决策，从而对自己的投资可以做到有效的评价和监管。

（2）监管上市公司。上市公司的经营信息、财务信息、治理信息都会按照相关的规定公布在指定的媒体上，如果上市公司的经营状况或财务指标不尽如人意，令广大的投资者失望的话，就会引起广大投资者用"脚"投票离开，那么该上市公司的股票在证券市场上也会遭受到挫折，资本市场同其他市场一样具有相同的供求原理，大量投资者的离开，必将引起该公司股票的大量的抛售，那么供大于求的情况必将引起该股票价格的下跌，这也是上市公司最不愿面对的境遇。因此，各个上市公司都会通过努力经营，提升自己的业绩，力求在信息披露中为广大的投资者提交一份满意的答卷，这也从另一个角度对上市公司起到了监管作用。此外，证券管理部门要求上市公司及时、完整、准确、全面地发布企业的经营信息，并且增加了内外部审计的力度，增加了审计和会计的连带责任，这同时增加了企业造假的成本，对上市公司的管理层的经营活动形成了有效的外部监督。

（3）维护证券市场稳定。同其他市场一样，证券市场也具有很多买方和卖方，在信息不对称的情况下，很容易发生"柠檬市场"效应，为了避免出现"滥竽充数""良莠不齐"等情况，公开、公正和透明的信息披露制度的建立是非常必要的。公开透明的信息披露制度可以为买方——投资者带来作决策所需的充分信息，减少由于信息不对称造成的逆向选择和道德风险，可以保护证券市场上的优质公司获得公允的价格，有利于维护证券市场的稳定。

（4）增加公司价值。国内外关于信息披露与公司价值相关性的研究很多，大多数研究都是从实证角度来验证信息披露与公司价值呈正相关的关系，越来越多的研究表明证券市场上的"好"公司大都通过自愿信息披露增加信息供给，使得自己在证券市场上塑造良好的社会形象，不断增加自己的"声誉资本"，从而提升自身的价值。也就是说，现有的研究多数证明了上市公司信息披露程度越高，公司价值越高。因此，越来越多的上市公司认识到了信息披露在增加公司价值上的作用，开始通过在资本市场上积极主动地披露信息来提升自己在股东和潜在投资者心中的声誉资本，从而实现增加公司价值的目的。

基于以上四点目的，上市公司设计和构建了信息披露制度。本节对上市公司信息披露制度现状的分析主要是从信息披露对象、信息披露内容、信息披露渠道和方式以及信息披露监管这四个方面展开的。

一　多种类型的信息披露对象

上市公司信息披露对象范围比较广泛，主要分为以下几类：

第一，证券市场监管机构。这类信息披露对象包括各级证券监督委员会，他们对上市发行市场信息全权负责，对上市公司的股票发行和交易行为全面监管。因为他们具有监管信息的职能，所以他们自然成为上市公司信息披露中的信息需求者之一。

第二，证券交易所。在中国，就是指深圳证券交易所和上海证券交易所。证券交易所对上市公司交易市场的信息进行监管，对上市公司进行日常监管。他们同证券市场监管机构一样，因为具有监管上市公司信息的职能，所以也成为了上市公司信息披露中的信息需求者之一。

第三，投资者。因为需要通过上市公司所披露的各种信息来对自己的投资行为进行判断，所以投资者必然成为上市公司信息披露制度中的信息需求者，并且是信息需求的"主要力量"。

第四，银行及其他利益相关者。通常是作为公司债权人的银行有动机关注公司披露的信息，从而获知自己贷出去的资金的运作状况，进行风险评估。此外，还有一些其他债权人或一些利益相关者也有了解上市公司信息的需求。

二 清晰规范的信息披露内容

通常，为了降低投资风险，保证投资决策的质量，上市公司被要求披露的信息，是与公司内在价值、账面价值和公司证券定价相关的信息，是证券价格对之敏感的信息[①]。上市公司信息披露的内容按照其产生机制可以分成两大类：财务信息和非财务信息。两者的具体区别见表4—4。

从表4—4中可以看出，财务信息与非财务信息侧重的信息的时间有所不同，财务信息是侧重过去信息反映，也就是过去一段时间内企业的资产的经营状况，因此财务信息主要强调的是企业的经营者完成受托责任的状况；非财务信息是侧重未来事项的预测，也就是对未来企业经营状况的分析，主要是为决策提供有用的依据和支持。但是，不论是财务信息还是非财务信息都是所有者关注的重要内容，因为，财务信息为所有者提供了委托给代理人资产已经被经营的历史结果，非财务信息为所有者提供委托人未来将如何经营受托资产的可能情况，两者对于所有者全面掌握所拥有资产的被管理情况都是不可或缺的。

---

① 上海证券交易所研究中心：《中国公司治理报告（2008）：透明度与信息披露》，复旦大学出版社 2008 年版，第 3 页。

表 4—3　　　　　　　　　　财务信息与非财务信息的比较

评价标准 指标分类	标准化	量化程度	导向	监管力度	突出性质及披露	改进方向
财务信息	依靠公司财务会计信息系统产生，并且依照一定标准（主要是GAAP）	高	侧重对过去信息反映（强调公司受托责任）	通过证监会等部门进行监管，监管程度高	突出可靠性（稳健性原则的运用），主要通过会计报表进行披露	通过修改准则，优化指标等增强决策有用性
非财务信息	不经过财务会计信息系统产生，暂时没有建立公认的标准	比较低	侧重对未来事项的预测（强调信息的决策作用）	目前不需审计但已出现认证服务	突出相关性（满足决策需要），除了财务报告的披露之外，还有许多其他相关渠道	通过建立标准化框架，发展审计（认证）业务，明确相关责任等来增强可靠性

资料来源：李晓龙：《上市公司非财务信息披露及规范问题探析》，《财务与会计》2005年第 3 期。

三　多样化的信息披露渠道和方式

1. 信息披露的渠道

上市公司信息披露渠道的设置应该满足一个重要的原则，即可以让上市公司的投资者以最小的成本、最便捷的方式、最快速的搜寻获得其所需要的上市公司信息。上市公司信息披露的渠道选择主要就是依据证监会和证券市场有关规定，将按法定义务必须披露的信息公告文稿和相关备查文件报送证券交易所登记，并在中国证券监督管理委员会指定的媒体发布。信息披露义务人应当将信息披露公告文稿和相关备查文件报送上市公司注册地证监局，并置备于公司住所供社会公众查阅。信息披露义务人在公司网站及其他媒体发布信息的时间不得先于指定媒体，不得以新闻发布或者答记者问等任何形式代替应当履行的报告、公告义务，不得以定期报告形式代替应当履行的临时报告义务。在不同媒体上对同一事件的信息披露必须一致。由此可见，股东和潜在投资者可以获得上市公司信息的渠道主要有以下几个：证监会指定的媒体（包含报刊、网站），证券交易所，上市公司住所。这些渠道的设置保证了上市公司的投资者可以以最小的搜寻成本获得自己需要的上市公司的信息。

2. 信息披露的方式

图4—1是笔者归纳的上市公司信息披露方式的三种类型。第一种方式是强制披露，主要是指上市公司按照国家制定的法令法规对要求披露的信息进行强制披露。国家的法律法规中对不同类型信息披露的时间和方式都作了明确的规定，强制披露是上市公司信息披露的最低要求；第二种是通过中介机构挖掘得到的信息披露，主要是指在资本市场中，非机构性投资者可能没有足够的能力获知一些自己需要的重要信息，他可以委托中介机构为其挖掘和搜寻，这也成为信息披露的一种特殊的方式；第三种是自愿披露，虽然上市公司对于一些对上市公司有利的信息是愿意采用自愿披露方式的，但是目前来看上市公司自愿披露的信息非常有限，作为公司所有者的股东如果能够与公司的经营者签订一种以激励经营者进行资源信息披露为导向的契约，就会促使上市公司更多地采用自愿披露方式。

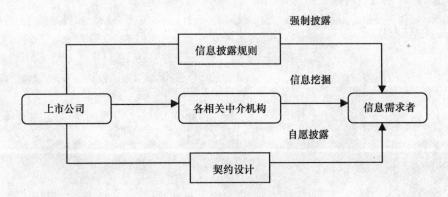

图4—1　信息披露方式

资料来源：笔者根据陈汉文、夏文贤、黎代福《受托责任、信息披露与规则安排——公司治理、受托责任与审计委员会制度》（下），《财会通讯》2004年第1期图1略作修改。

四　多层次的信息披露监管

信息披露的监管是为最大化上市公司管理人员违约披露的成本，减少信息的虚假、延时披露，监控所披露信息的真实、及时和准确性，并且对上市公司形成有效的激励和约束促使其按照相关规定对上市公司进行信息披露（郭媛媛，2012）。目前，我国上市公司信息披露监管系统可以分成内部和外部两个方面。内部监管系统主要是科学的现代公司治理制度、独立董事制度、专业委员会制度——审计委员会制度等；外部监管系统主要由行业协会，中介机构，与证券发行、交易相关的行政监管机构以及其他利益相关者四大监管主体构成。内部监管系统和外部监管系统相互呼应、有机结合，共同完成对上市公司信息披露的监管职责。这种多主体、多层次的信息披露监管系统涵盖了信息披露的惩罚机制，明确了信息违规者所应承担的法律责任，明确了利益受损者所应得到的赔偿，对于规范上市公司信息披露的行为，维护市场的公平和公正意义重大。

第五章　中国非上市国有企业信息披露现状分析及存在的问题[*]

不同于上市国有企业受到证券市场信息披露法律法规的约束，当前的非上市国有企业并没有严格的信息披露法律法规，多数的非上市国有企业选择只对其上级主管部门进行信息披露，还有一部分非上市国有企业已经开始尝试进行自愿信息披露，只是这部分国有企业所选择披露的信息多为社会责任或者一般性的公司治理信息，对于国有企业监管过程中关键的核心财务信息或者高管信息等的披露是少之又少。

本章就是从非上市国有企业信息披露相关规定、实践活动和存在问题三个方面展开研究，试图较全面地呈现非上市国有企业信息披露现状，提出非上市国有企业信息披露现存问题，为非上市国有企业信息披露制度实施的完善和提升提供现实基础。

第一节　非上市国有企业信息披露的相关规定

国有企业的信息披露制度的雏形是行政报告制度，在传统的计划经济体制下的国有企业是处于行政性治理体制中，报告制度是国家对国有企业实施监管的最主要的方式，国家通过制定各种行政报告制度

---

[*] 本章部分内容参考了郭媛媛《公开与透明：国有大企业信息披露制度研究》，经济管理出版社 2012 年版，第 116—124、131—137 页。

来获取监管国有企业所需要的信息，但是在这种行政体制中的国有企业的经营者作为企业的内部人总会拥有相对于企业外部人和监管者的——上级主管部门的信息优势。在信息不对称和监管不力的情况下，国有企业的经营者很可能会因为自己的利益而出现道德风险，从而对国有资产造成侵害。

2003 年，国务院国有资产监督管理委员会（以下简称"国资委"）的成立，解决了在国有企业改革过程中理论界争论多年的国有资产出资人缺位的问题，国资委成立后先后颁布了 21 条法令，这些法令的推出使得国有企业经营信息主要通过行政报告获知的状况有了很大的改进。特别是，国资委成立后，以财务监督和风险控制为重点，强化出资人监管。财务监督是国资委履行出资人职责的重要手段。2013 年末的十八届三中全会作出的《中共中央关于全面深化改革若干重大问题的决定》中，提出了多项涉及国有企业制度改革的内容，其中推进国有企业财务预算等重大信息公开的措施，更是被社会公众认为是我国国有企业改革的一项重大突破，国有企业进入了行政报告和信息披露并存时期。

一　国资委成立前的相关规定

在传统的国有企业治理体制中，接受企业信息报告的一方，是以政府主管部门的角色出现的，它与提供信息报告的企业之间的关系，是政企关系。在这种行政性的治理体制下，信息披露制度的基本特点可以概括为，信息披露要求非常严格，强调控制力，而不计成本。现行的要求国有出资企业向出资人进行强制性信息披露的制度，主要是部门规章（郭媛媛，2012）。表 5—1 列示了 20 世纪 80 年代到国资委成立前，涉及强制性信息报告内容的主要法令法规。

表 5—1　　　1988—2003 年间涉及信息报告制度的主要法令法规

年份	法令法规	关于信息报告的相关规定
1988	《全民所有制企业法》	职工要听取和审议厂长关于企业经营事项的报告
1995	《关于国有企业实行业务招待费使用情况向职代会报告制度的规定》	企业厂长（经理）应当向职代会据实报告业务招待费使用情况，并由职代会向职工传达 报告内容主要包括：业务招待费支出项目、金额，开支是否符合制度、使用是否合理、手续是否完备以及其他需要说明的情况
1997	《关于加强国有企业财务监督若干问题的规定》	企业各项消费资金的使用应报经职工代表大会或董事会审批，并据实向职代会或董事会报告执行情况 企业年度财务报告必须在规定时间内上报主管财政机关审批
1998	《关于国有企业实行业务招待费使用情况等重要事项向职代会报告制度的规定》	国有企业领导人员应当向职代会报告下列重要事项： 1. 业务招待费使用情况 2. 个人廉洁自律情况 3. 与职工切身利益直接有关的事项
1998	《国务院向国有重点大型企业派出稽查察特派员的方案》	企业要建立规范的现代会计制度，定期书面向稽查特派员办事处报告财务情况，提供有关资料
2002	《关于在国有企业、集体企业及其控股企业深入实行厂务公开制度的通知》	1. 企业重大决策问题 2. 企业生产经营管理方面的重要问题 3. 涉及职工切身利益方面的问题 4. 与企业领导班子建设和党风廉政建设密切相关的问题

资料来源：郭媛媛：《公开与透明：国有大企业信息披露制度研究》，经济管理出版社 2012 年版。

二　国资委成立后的相关规定

2003 年，国务院国有资产监督管理委员会的成立，解决了在国有企业改革过程中理论界争论多年的国有资产出资人缺位的问题，国务院国有资产监督管理委员会成立后先后颁布了 27 条法令，这些法令的推出使得国有企业经营信息主要通过行政报告获知的状况有了很大的改进。特别是，国务院国有资产监督管理委员会成立后，以财务监督和风险控制为重点，强化出资人监管，财务监督是国务院国有资产监督管理委员会履行出资人职责的重要手段（郭媛媛，2012）。

此外，国务院国有资产监督管理委员会还组织开展了清产核资工作，基本摸清了国有大企业的"家底"，并且在核实企业账本、提高会计信息质量、加强重大财务事项管控等方面做了大量工作。同时，积极探索和不断完善监事会制度，将监事会监督从事后监督转变为当期监督，提高了监督水平（余菁，2009）。在大量调查研究、总结企业风险控制经验与教训的基础上，印发了《中央企业全面风险管理指引》，引导和组织企业清理高风险业务，加强了风险监控。在国务院国有资产监督管理委员会所发布的 27 条法令中，有近半数的法令与国有企业信息报告制度相关，且按照所要求披露和报告信息的性质，可以将这些法令分为经营活动事前的信息披露、经营活动事中的信息披露以及经营活动事后的信息披露三类（余菁，2009）（详见表 5—2）。国务院国有资产监督管理委员会成立以来所颁布的法令法规为推动国有企业信息披露的公开和透明提供了制度基础和支撑。

表 5—2　　　　　　　　　中央企业信息报告规定分类表

信息披露类型	相关政策法规	信息披露主要内容
事前信息披露制度	《中央企业发展战略和规划管理办法》（试行）	多是经营活动计划的相关规定
	《中央企业投资监督管理暂行办法》	
	《中央企业财务预算管理暂行办法》	
经营活动事中的信息披露制度	《企业国有产权转让管理暂行办法》	多是重大事项的相关规定
	《中央企业重大法律纠纷案件管理暂行办法》	
	《中央企业投资监督管理暂行办法》	

续表

信息披露类型	相关政策法规	信息披露主要内容
经营活动事后的 信息披露	《企业国有资产统计报告办法》	多是财务会计与业绩 评价类的信息报告
	《中央企业财务决算报告管理办法》	
	《中央企业综合绩效评价管理暂行办法》	
	《中央企业负责人经营业绩考核暂行办法》	
	《中央企业资产损失责任追究暂行办法》	
	《中央企业安全生产监督管理暂行办法》	

资料来源：根据国资委网站相关内容整理。

2013 年 11 月召开的十八届三中全会作出的《中共中央关于全面深化改革若干重大问题的决定》中，多项条款涉及国有企业制度改革，涵盖了法人治理结构、职业经理人制度、企业内部制度改革，国有企业财务预算等重大信息公开等内容，都已经引起了社会广泛关注，特别是关于推进国有企业财务预算等重大信息公开的措施，更是被社会公众认为是我国国有企业改革的一项重大突破。

财政部财政科学研究所国有经济研究室主任文宗瑜（2014）指出，国有企业财务预算信息的公开是市场经济的要求、国有企业改革的要求，也是财政预算信息公开透明的要求。文宗瑜还进一步指出，国有企业财务预算信息的公开也是实现宏观和微观联动改革的需要。国有资本经营预算是我国政府预算体系的组成部分，随着预算的公开透明，国有企业的财务信息肯定要公开。从国有企业自身而言，不断的市场化也要求其财务预算信息要透明。针对当前有些国有企业，大手大脚，招待费过高的现象，很多学者和专家都认为财务预算不公开是一个重要的因素，因为国有企业的财务情况外人很难知道，所以给寻租和代理问题带来了空间和机会，一旦国有企业将其财务预算等重大信息公开，社会公众就可以通过财务预算信息的披露加强对国有资产的监管，加强社会对国有企业的监督。国际财务管理协会中国总部研发总监高慧（2014）认为，市场化企业的主要目标是追求股东价值的最大化，国有企业的改革就是要走这条路，但目前国有企业肩负很多社会责任，市场化的道路要分阶段去走，而首要的就是要求国有企业披露更多的财务信息。当前国有企业最大的问题不是信息披露，而是资源使用效率的问题。一个企业的积极性和压力主要来自于股东和投资人，而国家作为国有企业最大的股东，在很大程度上是虚拟的，难以产生这种监督效果。产权制度的改革也是国有企业未来改革的一个重要方向，这就必须要有信息披露作为基础。

为贯彻落实十八届三中全会有关推进国有企业预算等重大信息公开的精神，进一步加强国有企业监督管理，规范企业财务预算等重大信息公开行为，很多地方都尝试制订国有企业财务预算等重大信息公开办法。石家庄市在 2014 年 7 月率先推出了《石家庄国有企业财务预算等重大信息公开暂行办法》，其中针对国有企业信息披露的主体、信息披露主管部门、信息披露内容以及信息公开方式都作了详细规定。

专栏 5—1

石家庄出台国有企业财务预算等重大信息公开暂行办法

为贯彻落实十八届三中全会有关推进国有企业预算等重大信息公开的精神，进一步加强国有企业监督管理，规范企业财务预算等重大信息公开行为，石家庄国资委积极探索国有企业重大信息公开披露的途径和方法，起草了石家庄市国有企业财务预算等重大信息公开暂行办法，并经市政府常务会议研究通过，以石家庄市人民政府石政发〔2014〕33 号文件印发执行。

该办法共六章二十二条，明确了制定的目的、依据、适用范围和遵循原则等。该办法规定，所称企业是指市本级国家出资的国有独资企业、国有独资公司，以及国有资本控股公司、国有资本参股公司；确定石家庄国资委是市本级国有企业财务预算等重大信息公开工作的主管部门，负责相关工作。

　　该办法明确信息公开的内容、方式和程序。国有企业财务预算等重大信息包括企业年度财务预算信息，年度、中期财务信息以及其他可能对企业和股东产生较大影响的重大事项；公开方式实行定期公开和临时公开制度，企业年度财务预算信息、年度财务状况信息和中期财务状况信息实行定期公开，重大信息事项信息实行临时公开；企业公开财务预算等重大信息应当依照《保密法》等法律法规进行审查，报石家庄国资委备案后按指定方式公开。

　　该办法提出，企业应当依法向公民、法人和其他组织公开重大信息：其中，企业年度财务预算信息包括：主要会计数据和财务指标，企业年度营业收入、营业成本、销售费用、管理费用、财务费用、利润总额、应交税费总额、资产总额、所有者权益等；管理和发展指标，职工薪酬及增长计划、职务消费预算以及生产经营企业主要产品生产和销售计划、重大投资计划、安全生产和消防安全投资计划。

　　该办法的出台实施，秉承"规范管理、公开透明、务实创新"的原则，借助信息公开这种市场化的方式，接受社会公众对国有企业的监督，进而提高国有企业的经营管理透明度，有利于企业经营者约束机制的建立和完善，也是加强财务监督管理的一项创新，丰富了国有企业监督管理的手段。

　　资料来源：根据 http：//www. sasac. gov. cn/n1180/n1583/n2483720/n7225860/n8999820/15968106. html 和 http：//www. sjzdaily. com. cn/newscenter/2014-07/29/content_ 2321574. htm 中相关内容整理。

第二节　中国非上市国有企业信息披露的相关实践

一　首开先河的非上市国有企业信息披露——诚通集团

（一）诚通公司简介

　　中国诚通控股集团有限公司（简称"中国诚通"）是国务院国有

资产监督管理委员会监管的大型企业集团，总资产近 900 亿元。中国诚通是国资委首批中央企业建设规范董事会企业、服务中央企业布局结构调整和战略重组的重要资产经营平台。

中国诚通是 1992 年由原物资部直属物资流通企业合并组建的。在计划经济时期，担负着国家重要生产资料指令性计划的收购、调拨、仓储、配送任务，在国民经济中发挥了重要的流通主渠道和"蓄水池"作用。1998 年，中国诚通与成员企业建立了以产权为纽带的母子公司体制。1999 年，中国诚通进行了整改、重组，2000 年上划中央企业工委管理。2006 年，中国诚通全方位实施了公司制改造，更名为"中国诚通控股集团有限公司"。

中国诚通目前在全国各地拥有百余家子企业，拥有中储发展股份有限公司（上交所，600787）、佛山华新包装股份有限公司（深交所，200986）、中国诚通发展有限公司（香港主板，00217）、广东冠豪高新技术股份有限公司（上交所，600433）、岳阳林纸股份有限公司（上交所，600963）、中冶美利纸业股份有限公司（深交所，000815）等六家上市公司。在中国香港、俄罗斯等地拥有海外业务平台。中国诚通正集中发展优势业务，进一步拓展资本市场。该集团当前的主营业务为资产经营管理，综合物流服务，生产资料贸易，林浆纸生产、开发及利用；兼营现货批发市场、旅游、文化、包装及农产品流通产业。

（二）诚通公司的信息披露实践

2005 年 5 月 25 日，作为国资委直管央企中国诚通集团的董事长马正武表示，2004 年，诚通集团比照上市公司的要求，第一次公布了集团的汇总年报。"国有企业的最终所有权是全民，因此国有企业提高透明度、增加信息披露，将有助于全民对国有企业的监督。"马正武这样阐释自己的初衷。诚通集团的年报就放在诚通集团网站上，任何人都可以通过登录诚通集团的网站下载和查阅该集团的年报。笔者查阅了 2006 年以来诚通集团在网站上公布的公司年报，同上市公司年报相比较，结果如表 5—3 所示。

表 5—3　　　　　　诚通集团年报与上市公司年报主要项目的比较

诚通年报的主要项目	上市公司年报的主要项目
公司基本情况	公司基本情况
会计数据和业务数据摘要	会计数据和业务数据摘要
实收资本变动及控股子公司情况	股东变动和股东情况
董事、高级管理人员和员工情况	董事、监事、高级管理人员和员工情况
公司治理报告	公司治理结构、股东大会情况、董事会报告、监事会报告
年度重要事项	重要事项
财务报告	财务报告

资料来源：笔者根据诚通集团控股有限公司 2006 年年报和上市公司年报规定整理。

　　从表 5—3 中可以看出，正如诚通集团所说，诚通集团的年报基本是比照上市公司年报的要求来做，只是因为诚通集团作为国有企业的一种特殊类型——国有独资公司，在一些具体项目上，诚通集团的年报与上市公司的年报略有不同。这些不同主要体现在：（1）由于国有独资公司的股东数量特殊性——只有一个股东，并不像上市公司那样拥有众多股东，因此在诚通年报中并没有股东变化和股东大会的情况说明。（2）在诚通集团的公司治理报告中没有像一般上市公司那样就公司的经营环境进行分析，也没有对公司的经营进行预测，提出现存风险因素的分析和防范措施。（3）诚通集团将董事会和监事会报告放到了公司治理报告中，并没有像一般上市公司那样单独列出说明。

　　笔者认为，诚通集团的年度报告的内容基本是可以满足作为公众和其他利益相关者对非上市国有企业中国有资产经营状况了解的需要，但是在治理报告中缺少了关于公司经营环境的分析说明，因为作为国有资产的受托人——国有独资公司的经营者们因为具有对国有资产保值增值的信托责任，因此他们有义务让国有资产的最终所有者——全体公众了解到国有资产所处的境地，国有资产经营有着什么样的机遇和风险，以及作为受托者的经营者们将采取何种措施和方法来防范风险，确保国有资产的安全，确保国有资产的保值增值。

二　地方国资委推动非上市国有企业信息披露——深圳市国资委的实践

深圳市国资委于 2008 年在全国率先开展了非上市国有企业信息披露试点工作，其推动非上市国有企业信息披露的实践和经验可以为地方国资委提供一些启示和经验。

专栏 5—2

深圳市属国有非上市企业信息公开说明

为提高国有资产监督管理工作的透明度，满足社会公众对公共财产的知情权，加大社会监督力度，督促市属国有企业提高经营管理水平，深圳市国资委于 2008 年在全国率先开展非上市国有企业信息公开试点工作，目前已实现全部公用事业企业（地铁、机场、盐田港、水务、巴士和粮食等）参照上市公司要求披露年度经营信息。披露的内容包括：重要提示、企业概况、生产经营及管理情况、社会责任报告、内部控制管理情况、监事会报告、年度重大事项和简要财务报告等九个部分。

资料来源：http://www.szgzw.gov.cn/xxgk/qt/ztzl/cwgk/201207/t20120703_1932722.htm。

从专栏 5—2 中可以看出，2012 年 7 月，深圳市国资委在其网站上所发布的《深圳市属国有非上市企业信息公开说明》，将深圳市非上市国有企业信息披露的目的、信息披露的范围、信息披露的内容及要求作了一个清晰的通报。表 5—4 是对深圳国有非上市企业信息披露情况的一个概括。

表 5— 4 深圳非上市国有企业信息披露概况说明

信息披露的目的	为提高国有资产监督管理工作的透明度，满足社会公众对公共财产的知情权，加大社会监督力度，督促市属国有企业提高经营管理水平
信息披露的主体	国有非上市企业的范围主要是公用事业企业（地铁、机场、盐田港、水务、巴士和粮食等）
信息披露的要求	参照上市公司要求披露年度经营信息
信息披露的内容	重要提示、企业概况、生产经营及管理情况、社会责任报告、内部控制管理情况、监事会报告、年度重大事项和简要财务报告等九个部分
信息披露开始时间	2008 年

资料来源：根据《深圳市属国有非上市企业信息公开说明》中的内容整理。

当前，深圳市国资委网站上首页中的专题专栏中的财务公开一栏中，可以查询到国资委直属的 22 家企业中的六家经营公用事业性质的非上市国有企业从 2007 年到 2012 年每一年年报的内容。这六家非上市国有企业的名称和主营业务如表 5—5 所示。

表 5—5 深圳市六家经营公用事业性质的非上市国有企业和主营业务

企业名称	主营业务
深圳市地铁集团有限公司	是深圳市任命政府国有资产监督管理委员会授权经营的大型国有独资有限责任公司，由深圳市国资委 100% 控股，在深圳市城市轨道交通建设、运营中承担着主要责任
深圳市机场（集团）有限公司	为国有独资有限责任公司，公司主营业务包括航空性业务和非航空性业务
深圳市盐田港集团有限公司	深圳市特区建设发展集团有限公司 100% 持股企业，港口及临港配套产业为主业的大型企业集团
深圳市水务（集团）有限公司	公司经营业务主要包括自来水生产及输配、污水收集处理及排放、水务投资及运营、水务工程咨询与设计、水务工程建设、信息自动化、水处理药剂生产等。深圳市国资委控股 55% 的中外合资企业

企业名称	主营业务
深圳市巴士集团股份有限公司	中外合资股份制企业，其中深圳市国有资产监督管理委员会持有 55% 股份，是深圳市政府授权的公共大巴特许专营企业，目前也是深圳市最大的巴士经营企业
深圳市粮食集团有限公司	深圳市属国有独资的大型粮食企业，国资委直管并且 100% 持股企业

资料来源：根据深圳市国资委网站的内容整理。

　　深圳市地铁集团有限公司的年度报告共分为九部分内容：（1）重要提示；（2）公司概况，其中包括公司基本情况、公司董事、监事和高级管理人员情况、集团改革情况、公司员工情况；（3）建设经营及管理情况，其中包括主营业务介绍及业务数据摘要、主要财务数据及运营指标摘要；（4）履行社会责任情况，其中包括公共服务、社会公益、保障性住房建设、安全生产与信访维稳、股东和债权人权益、信息披露、职工权益、企业文化、可持续发展与环境保护；（5）内部控制情况，其中包括制度建设情况和年度执行评价、风险管理与内控实施情况、公司管理层对企业内部控制进行自我评价的结论；（6）监事会报告，其中包括监事会履职情况，监事会独立意见；（7）年度重大事项，其中包括公司章程及注册资本变动情况、企业合并、分立、解散或申请破产等事项，企业经营范围的重大变化、企业重大投资行为、重大融资行为、重大或有事项、企业聘任、解聘会计师事务所情况、国资委或法律法规要求披露的其他重大事项；（8）报告期后重大事项；（9）简要财务报告。

　　深圳市机场集团年度报告包含了九部分内容，分别为：（1）重要提示；（2）公司概况，其中包括公司基本情况、公司董事、监事和高级管理人员情况、公司员工情况；（3）生产经营及管理情况，其中包括主营业务介绍及运营指标摘要、主要财务数据摘要；（4）基本建设情况，其中包括扩建工程建设摘要、其他工程建设摘要；（5）履行社会责任情况，其中包括公共服务、社会公益、安全生产、股东和债权人权益、信息披露、职工权益、企业文化；（6）内部控制管理情况，其中包括内部控制评价工作情况、风险管理情况、公司管理层对内控体系自我评价的结论；（7）监事会报告，其中包括监事会履职情况、监事会独立意见；（8）年度重大事项，其汇总包括公司章程、注册资本变动情况，公司高层管理人员变动情况，企业合并、分立、解散或申请破产等事项，企业经营范围的重大变化，企业重大投资行为，企业重大融资行为，重大或有事项，企业发生重大亏损或重大损失情况，企业聘任、解聘会计师事务所情况，国资委或法律法规要求披露的其他重大事项；（9）简要财务报告。

深圳市盐田港集团有限公司的年度报告内容主要分为八部分，分别为：（1）重要提示；（2）企业概况，其中包括企业基本情况、企业高层管理人员情况、企业员工情况；（3）生产经营及管理情况，其中包括生产经营情况、主要财务数据；（4）社会责任报告，主要包括加快港口建设和经营、促进区域经济新发展，树立安全发展科学理念、维护港区的安全与稳定，树立可持续发展观、推动港区环境保护，热心社会公益事业、积极开展扶贫帮困献爱心；（5）内部控制管理情况，其中包括制度建设情况和年度执行评价、企业管理层对企业内部控制机制的评价结论、企业风险管理情况；（6）监事会报告，其中包括监事会对企业依法运作情况的独立意见、监事会对企业财务状况的独立意见、监事会对企业经营成果的独立意见；（7）年度重大事项，其中包括公司章程、注册资本变动情况，企业高层管理人员变动情况，企业合并、分立、解散或申请破产等事项，企业重大投资行为，企业重大融资行为，企业发生重大损失情况，企业聘任、解聘会计师事务所情况，其他重大事项；（8）财务会计报告。

深圳市水务集团的年度报告内容主要分为八部分：（1）重要提示；（2）企业概况，其中包括企业基本情况、公司高层管理人员情况；（3）生产经营及管理情况，其中包括公司生产经营情况、主要财务数据摘要；（4）履行社会责任情况；（5）内部控制管理情况，其中包括制度建设情况和年度执行评价、企业管理层对企业内部控制机制进行自我评价的结论、企业风险管理情况；（6）监事会报告；（7）年度重大事项；（8）简要财务报告。

深圳市巴士集团的年度报告分为七部分：（1）重要提示；（2）企业概况，其中包括企业基本情况、企业高层管理人员情况、企业员工情况；（3）生产经营及管理情况，其中包括企业生产经营情况、主要财务数据（财务部提供）；（4）社会责任报告；（5）内部控制管理情况，其中包括制度建设情况和年度执行评价、企业管理层对企业内部控制机制的评价结论、企业风险管理情况；（6）监事会报告，其中包括监事会对集团依法运作情况的独立意见、减少对集团财务状况的独立意见、监事会对企业运营成果的独立意见；（7）年度重大事项，其中包括公司章程、注册资本变动情况，企业高层管理人员变动情况，企业合并、分立、解散或申请破产等事项，企业重大投资行为，企业重大融资行为（财务部），企业发生重大损失情况，企业聘任、解聘会计师事务所情况，其他重大事项。

深圳市粮食集团有限公司的年度报告内容主要分为八部分：（1）重要提示；（2）企业概况，其中包括企业基本情况、企业高层管理人员情况、企业员工情况；（3）生产经营及管理情况，其中包括上一年经营工作回顾、主要财务数据、报告期内的投资情况、本年的发展思路；（4）社会责任报告；（5）内部控制管理情况，其中包括制度建设情况和年度执行评价、企业管理层对企业内部控制机制的评价结果、企业风险管理情况；（6）监事会报告，其中包括监事会会议情况、监事会履职情况、监事会对公司运作的评价、监事会对财务报告的评价、减少对企业经营成果的独立意见；（7）年度重大事项，其中包括公司章程变动情况，企业合并、分立、解散或申请破产等事项，企业重大投资行为，企业重大融资行为，企业聘任、解聘会计师事务所情况，其他重大事项；（8）财务会计报告。

以上这六家经营公用事业的非上市国有企业的年度报告全部登载于深圳国有资产监督管理委员会网站（www.szgzw.gov.cn）和各自企业的网站上，并且每家企业指定专门的符合资质的会计师事务所为其出具财务报告。

综上，纵观深圳市国有资产监督管理委员会推进的经营公用事业的非上市国有企业所进行的信息披露实践，可以将其概括为以下的特点：明确的信息披露主体——非上市国有企业，规范的信息披露内容——重要提示、企业概况、生产经营及管理情况、社会责任报告、内部控制管理情况、监事会报告、年度重大事项和简要财务报告等九个部分（各企业根据实际情况有所变化，但基本内容全部符合国资委的要求），正式的信息披露渠道——国资委网站和企业自己的网站，严格的信息披露监管——符合资质的会计师事务所保障和负责所披露信息的质量。

三　国资委下属的非上市国有企业信息披露——以 113 家央企为例

在传统的计划经济体制下，国有企业的行政性治理体制中，主要依靠信息报告制度来解决信息披露问题。行政隶属关系中的下级——企业内部人作为被监督者，总是拥有相对于上级——企业外部人、监管者的信息优势。为便于指挥和监督，上级单位会对下级企业提出种种信息报告要求。这类信息报告要求，即属于强制性信息披露的范畴。

当前，有一部分非上市国有企业已经开始尝试自愿性、选择性的信息披露，但当前这部分非上市国有企业信息披露的内容多集中于一般性的公司治理信息。以国家国有资产监督管理委员会下属的 113 家央企为例，笔者对这 113 家央企网站上公开披露的信息内容进行了统计分析，结果见表 5—6。

表 5— 6　　　　　　113 家国资委直属央企信息披露情况　　　　　　单位：家

公司基本情况	公司数量	可顺利进入数量	项目反映数量
一、有董事会	113	81	81
董事、监事、高管人员	113	87	85
名单/职务	113	88	73
高管简介	113	73	70
高管薪酬	113	1	1
二、员工情况	113	51	51
员工人数	113	45	37
教育、岗位情况	113	32	32
三、组织机构	113	96	96
下属投资单位	113	59	59
机构设置	113	82	80
四、财务报表	113	14	14
审计报告	113	14	14
资产负债表	113	13	13
利润表	113	9	9
现金流量表	113	4	4
附注	113	0	0
历年报表	113	4	4
五、社会责任及影响	113	89	89

资料来源：笔者根据 113 家企业网站上相关信息整理。

从表 5— 6 中可以看出，这些央企对于一般性的公司治理信息披露较多，占到各类披露信息的首位，在 113 家央企中有 81 家披露了公司治理信息；而最能说明国有资产安全和盈利情况的财务信息的披露非常缺乏，占各类披露信息的最后一位，在 113 家央企中仅有 14 家披露了财务信息。此外，对于董事会及高级管理人员薪酬信息的披露非常罕见，113 家央企中只有一家披露了高管的薪酬状况。通过这个统计分析还可以看出，相比较政府根据信息报告制度所获得的信息，社会公众、市场、媒体和舆论可以获得的企业相关经营信息的数量和内容都显得很单薄。可以说，作为国有企业最重要的监督主体，国家相关部门（对于国有大企业主要是国务院国有资产监督管理委员会）和公众所能获得的国有企业信息的数量和质量都有很大的差别，这种差别从传统的计划经济体制一直延续至今。

第三节　中国非上市国有企业信息披露存在的主要问题

一　信息披露对象：政府部门为主，很少覆盖公众

无论是从本章第一节的非上市国有企业信息披露相关规定的分析中，还是第二节的非上市国有企业信息披露实践的梳理中，我们都可以看出，在强制性信息披露仍然是非上市国有企业信息披露的主要构成部分的情况下，现有的非上市国有企业信息披露的对象主要是政府部门，公众作为非上市国有企业的最终所有者，并没有真正成为非上市国有企业信息披露的对象，可以获得的信息实在有限。如果我们不能保障公众作为非上市国有企业最终所有者的知情权，那么减少国有企业信息不对称，建设"阳光国企"就无从谈起，因此，当前关于非上市国有企业信息披露制度研究的一个重要的问题就是如何通过制度设计和法律法规将公众真正纳入到信息披露对象中来。

二　信息披露内容：社会责任披露居多，关键信息披露较少

大部分非上市国有企业在对公司治理结构部分的披露流于形式，未充分披露实质性内容，对公众关心的有关公司治理存在的问题或避而不谈，或不充分披露实质性内容，他们多选择将社会责任作为自愿性信息披露的主要内容。

作为企业披露社会责任信息的重要方式，企业社会责任报告已经成为企业推进利益相关方沟通、接受社会监督，持续改进社会责任工作的重要工具。当前，国有企业发布社会责任报告是一种很典型的自愿性信息披露形式。

与全球社会责任报告的发展的起源很相似，中央企业社会责任报

告也起源于雇员报告、环境报告等专项责任报告，比如中国石油股份
公司从 2000 年开始发布健康安全环境报告，宝钢股份公司也在 2003
年、2004 年发布环境报告。2006 年 3 月，首份中央企业社会责任报
告《国家电网公司 2005 社会责任报告》对外发布，中远集团、中海
油、中铝公司等中央企业在同年陆续发布了社会责任报告。目前，发
布社会责任报告或可持续发展报告，已经成为国有企业面向社会公
众，进行自愿性的、选择性的信息披露的重要途径。表 5—7 列示了
从 2000 年开始的十年间，中央企业发布社会责任报告的发展历程。

表 5—7　　　　　　　中央企业发布社会责任报告历程一览表

时间 （年）	发布社会责任报告的 公司名称	报告名称	备注
2000	中国石油股份公司	《健康安全环境报告》	社会责任报告 的雏形
2003、2004	宝钢股份公司	《健康安全环境报告》	
2006	国家电网公司	《国家电网公司 2005 社会责任 报告》	首份央企社会 责任报告
	中远集团、中海 油、中铝公司	《社会责任报告》	
2006 年后	数十家中央企业发布社会责任报告		
2008	国务院国有资产监督管理委员会发布了《关于中央企业履行社会责任 的指导意见》，此后，央企社会责任报告数量大幅增加，且质量也有大 幅度提升		
	中钢集团、中国石 油天然气集团公司	《社会责任国别报告》	创新性地发布 国别报告
2010	累计有 70 多家中央企业发布了社会责任报告		

　　资料来源：郭媛媛：《公开与透明：国有大企业信息披露制度研究》，经济管理出版社
2012 年版。

　　当前对于非上市国有企业信息披露内容并没有形成一套规范的指
标体系，因此当前的非上市国有企业在进行信息披露时多选择披露一

般性的公司治理信息，但是对于关系公司核心的财务信息、高管薪酬等敏感信息的披露较少，有很多公司基本都不披露。而这些信息对于提升非上市国有企业的经营透明度，构建"阳光国企"又有着非常重要的意义，缺少这些关键信息的非上市国有企业的信息披露，很难从实质上提升企业经营的透明度和公开性，也不利于公众、媒体等多个利益相关者对其监督，因此构建一套规范的科学的非上市国有企业信息披露指标体系势在必行。

三　信息披露渠道：向上渠道为主，向下渠道不足

如前所述，当前的非上市国有企业信息披露多是强制性信息披露，又因为在强制性信息披露中并没有将社会公众作为非上市国有企业信息披露的对象，所以我们可以得出这样一个结论，现有的非上市国有企业信息披露渠道多是向上的、报告给政府相关部门的，而向下的披露给社会公众的渠道非常有限，甚至可以说少之又少。解决这个问题的根本还要同前述的第一个问题结合起来，真正将社会公众作为非上市国有企业信息披露的对象，只有确定了这一正确的目标，才能够根据公众获取信息的需要，选择适合的信息披露渠道，也可以借鉴OECD成员国家和上市公司的相关做法，为公众提供便捷高效的信息披露渠道。

四　信息披露方式：强制性不足，时效性差

正如证券交易市场中的上市公司的信息披露必须遵循时效性的要求，非上市国有企业的信息披露也应该要求其具有时效性，否则不能在国有企业监管中形成有效的机制，充分发挥国有企业信息披露的作用。当前的国有企业信息披露的强制性信息披露多是向政府报告的内容，并不是本书所说的真正意义上的面向社会公众的信息披露。因此，我们这里所论述的强制性不足，是指非上市国有企业在真正意义上的信息披露强制性不足，更缺少对时效性的要求，如OECD成员国家要求国有企业在规定的时间披露年度报告、半年度报告等，而中国

并没有这方面的相关规定，对于社会公众的年度报告或者说对于社会公众的真正意义上的信息披露主要是依靠企业的自愿行为，因此，时效性差是在所难免的情况。时效性差严重地制约了信息披露的有效性，滞后的披露可以为非上市国有企业经营者"内部人控制""道德风险"造成很大的空间和机会，不利于国有资产的监管和安全。

五　信息披露监管：监管主体缺失，责任追究机制欠缺

"无规矩不成方圆"，没有监管的信息披露很难真正地发挥应有的效用。中国非上市国有企业信息披露还在萌芽期向成长期过渡阶段，因此各项制度都有待创立和完善，监管无疑是保障信息披露发挥作用的一个重要机制，而当前监管主体缺失、责任追究机制欠缺也是一个非常关键的问题。从前两章对 OECD 成员国家和上市公司的论述中可以看出，设立专门的监管主体和责任追究机制对于保障信息披露的效率和效果是非常必要的，特别是 OECD 成员国家中对国有企业信息披露监管是非常值得我们学习和借鉴的，明确监管主体，通过专业的会计和审计、风险管理指标的设立等方式对非上市国有企业进行有效的信息披露监管，这是一个非常重要和迫切的问题。

专栏 5—3

打造"阳光央企"，须提高能见度

就 5 月 20 日审计署披露的 17 家央企存在的多项违规问题，日前，国资委新闻发言人表示，国资委高度重视此次审计中，央企在管理中存在的问题，国资委将规范职务消费、加强薪酬福利管理，推动企业及时堵塞管理漏洞、并不断增强透明度，欢迎媒体及社会各界对央企监督，打造"阳光企业"，促进中央企业健康可持续发展。

依附着越发丰厚的国民税收家底，占据着权力和政策的先天优势，央企的身躯不断粗壮，展示着强壮的肌肉。尤其是一些垄断央

企，无疑是整个经济体系中的庞然大物。本以为，央企的强大，其可观的红利势必为整个社会福利的改善作出有力的推动，成为提升国民幸福感和民生福祉的源泉。但是，无论是从媒体曝光，还是从审计署披露的央企自肥乱象来看，央企分红俨然已经成为企业内部少数人的饕餮盛宴。

职务消费中层出不穷的"天价事件"、工资薪酬的狂飙突进……央企的自肥乱象，不但足以引发社会民众的"羡慕嫉妒恨"，更是沉重地加剧了民众的相对被剥夺感，透支着整个社会的公平正义。在这样的情境下，作为央企监护人的国资委，重视央企存在的弊病，喊出打造"阳光央企"的口号，值得激赏。而事实上，这也是央企行为纠偏、形象修复，防止国有资产被小部分人纳入私囊、侵噬自肥的必要举措。

央企自肥乱象的出现，显然不能归咎于制度的缺陷。实际上，在规范央企管理上，相关的制度配套也算不上多么滞后。而之所以乱象得不到根本性遏制，关键还是在于制度失灵。从很多违规现象的处理结果来看，问责的力度显然离公众预期较远。甚至在违规现象出现后，一些央企倚仗着垄断特权和话语优势，还曾以"萝卜节俭"这么荒谬的借口来搪塞公共舆论。由此可见，制度失灵并不是在于制度本身不合理，显然是制度的执行上出了问题。

要将央企的管理真正地纳入到制度轨道，关键还在于常态的监管，以免制度成为摆设。国资委这次表示要不断增强透明度，并欢迎社会监督，实际上就是确保制度执行最重要的支撑。实际上，正是因为垄断特权的烟雾笼罩，孕育了央企乱象滋生的土壤，加剧了央企自肥欲望的膨胀。而要革除这方土壤，最有效最可行的方法，那就是增加央企的社会能见度。相关的制度执行，只有在能见度高的道路上行驶，才不至于迷失方向。

央企乱象丛生，已非自查自纠式的"自净功能"所能改善，内部的利益分配，很可能已经导致了内部监管的失灵。在这样的情境下，恐怕只有公共监督的源头活水，才能荡涤这潭正不断发出异味的死水，遏制腐败异味的继续发酵。可是，要保障公共监督发挥应有的效力，国资委的"欢迎"还是略显苍白与空洞。唯有保障了公民监督央企的权利，提升公民的话语权，让民众监督和批评央企的声音，能够转化成真正的问责力度，而不是无力的呐喊和愤怒，这样的监督才算是有效的监督，才能真正提升央企的能见度。

无疑，国资委打造"阳光央企"的设想是好的。但如何引入阳光？驱除阻挡阳光投射的特权阴霾，提升央企的社会能见度，或许正是"阳光央企"从梦想走进现实的关键所在。而全国民众正拭目以待。

资料来源：时言平：《打造"阳光央企"，须提高能见度》，《华西都市报》2011 年 5 月 23 日。

第六章　非上市国有企业信息披露制度实施的对策和建议[*]

　　现有的非上市国有企业信息披露的对象主要是国资委，采用的信息披露形式主要是强制性信息披露，每年都要按照国资委的相关要求向国资委提供年度报告。社会公众、媒体、中介机构等利益相关者很难从公开渠道获取非上市国有企业的经营信息[①]，为了建设"阳光国企"，设计一个面向全体社会公众的非上市国有企业信息披露制度势在必行。

　　本章尝试针对非上市国有企业公司治理和信息披露现状和特点，借鉴 OECD 成员国家和上市公司信息披露制度实践经验，基于已经开始尝试信息披露制度的非上市国有企业的现状和问题，从信息披露主体、信息披露对象、信息披露内容、信息披露方式和信息披露监管五个方面为非上市国有企业信息披露制度实施提出了一些对策建议。

第一节　非上市国有企业信息披露主体：提升意识

　　针对当前公众对国有企业经营情况的关注，加之由于信息不公开

---

　　[*] 本章的部分内容参考了郭媛媛《公开与透明：国有大企业信息披露制度研究》，经济管理出版社 2012 年版，第 149—160 页；郭媛媛《中央企业信息披露的制度重构：国际经验及启示》，《改革》2009 年第 11 期。

　　[①] 也有一部分诸如诚通集团等国有独资公司仿照上市公司的要求公布了自己的经营年报。

透明对非上市国有企业的众多诟病，以及现有已曝光的诸如国有企业高管天价薪酬、超奢华酒店等负面新闻所显现的"尘埃"，以及早在2011年就提出的建设"阳光国企"的要求，全社会都应该树立正确的意识，将国有企业信息披露的重要性上升到战略高度。只有充分认识到国有企业信息披露的重要作用和战略意义，才会更好地实施国有企业信息披露制度，将国有企业的经营活动置于社会公众的监督中，"阳光下灰尘必将无处藏身"，建设"阳光国企"，信息披露制度先行。

OECD 成员国家非上市国有企业信息披露的主体主要分为两类：非上市国有企业和所有权实体。非上市国有企业作为一个实体组织比照上市公司的要求，甚至比上市公司更严格的以半年度报告或者年度报告的形式向社会公布经营信息；所有权实体则是将其下属的所有国有企业信息汇编成一个总体的国有资产经营年度报告向社会公开，接受社会监督。我国国家和各级省政府也有关于国有资产总体运营情况的披露，这种信息披露形式更多地体现为全国或地区国有企业运营情况，并不能反映出单个国有企业的实际经营情况，不利于对国有企业个体经营情况的监督，因此，笔者认为作为非上市国有企业信息披露制度的重要组成之一的信息披露主体应该确定为非上市国有企业。

中国目前很多非上市国有企业已经具有了信息披露主体意识，开始尝试比照上市公司要求进行信息披露。诚通集团首开非上市国有企业信息披露制度的先河，于 2004 年发布了内容丰富、翔实的年度报告，受到社会广泛关注和好评；深圳市国有资产监督管理委员会推动下属的六家经营公用事业的非上市国有企业从 2008 年开始每年都向社会公众公布年度报告，这些实践一再证明了在中国越来越多的非上市国有企业开始意识到自己作为信息披露主体应该承担的责任，并且开始履行信息披露主体的职责。

第二节 非上市国有企业信息披露对象：明确范围

在对上市公司现有的信息披露制度的研究中可以看出，上市公司的信息是向全体股东、潜在投资者以及一切利益相关者公开的，也就是所有的公众都可以获得上市公司所披露的信息。上市公司是拥有最广泛信息披露对象的公司形式。

在对 OECD 成员国家国有企业信息披露制度实践经验借鉴中，可以看出当前 OECD 成员国家信息披露对象主要涵盖了两大类型：第一类是国有企业的主管政府部门。如在奥地利，OIAG 公司每年都要编制年度报告向财政部报告；瑞典的国有企业也要按照上市公司财务会计准则编制季度、年度报告，向工业部门报告；澳大利亚的国有企业年度报告被要求向国会提交。第二类是公众，不论是在奥地利、瑞典还是澳大利亚，他们的国有企业在按照相关规定向政府的主管部门提交年度报告后都要向社会公众披露。

毋庸置疑，信息披露的对象一定应该涵盖所有信息的需求者，这样的信息披露制度才是有效和合理的。那么想要确定信息披露的对象，我们就必须追溯信息披露制度产生的根本原因。信息披露制度的产生主要是源于企业股东、债权人与公司的经营管理者因为企业的财务资本控制权发生转移以后，在股东、债权人和受托的管理者之间形成了不同需求和内容的信托关系，为了更好地对自己所有但并不参与经营的财产进行监督而设立了这样一个信息披露制度。信息披露制度的根本目的就是减少由于信息不对称带来的委托代理风险和委托代理问题，最大化受托管理者的违约成本，最大化获取企业财产经营状况，从而实现对自己财产的监督和保护。因此，我们可以确定最需要进行信息披露的一定是拥有企业资产而又由于种种原因不能参与企业经营的所有者，除了这一最重要的信息需求者之外，还有一些与企业的生产经营状况密切相关的群体，比如企业的债权人、企业的员工等一些利益相关者，企业经营情况直接关系到他们的切身利益，因此他们也希望通过获得企业所披露的信息对企业的经营状况有所了解，使自己不处于信息劣势，可以更科学、客观地作出与企业相关的决策。

管理学意义上的利益相关者是组织外部环境中受组织决策和行动影响的任何相关者，不同性质的企业具有不同的利益相关者，因此不同性质企业的信息披露对象会有所不同，表6—1针对不同性质企业的信息披露服务对象、会计职能、报告模式和信息披露内容进行了比较。

表6—1　　　　　　　　　不同性质企业的信息披露

经济性质	信息披露对象	重点披露内容
国家所有制或全民所有制	国家	提供国家管理所需信息
业主制和合伙制	企业内部利益相关者	更多注重管理信息的披露
有限责任公司制	权益所有者、债主、非控制所有者	更多注重受托责任信息的披露
股份公司（上市环境）	利益相关方	注重信息的决策有用性

资料来源：王健：《财务信息披露差异的影响因素分析》，《价值工程》2008年第5期。

从表6—1中可见，不同类型的企业由于其经济性质的不同，决定了其信息披露对象和信息披露内容的差异。国家所有制或全民所有制的企业，由于其生产资料的全民性和国家所有的性质，决定了其信息披露的对象必然为代表全体公众管理全部生产资料的国家；又由于国家所有制或全民所有制企业在国民经济中的重要地位和作用，决定了其信息披露的重点内容必须为国家管理国有资产的目的服务，因此，应该为国家提供其行使国有资产管理职能时所需的全部信息。业主制和合伙制企业，其生产资料是归企业业主和合伙人共有的，这种所有者的特性决定了其信息披露对象应该是企业内部利益相关者；在信息披露内容的选择上比较重视管理相关的信息，要确保所有者和合伙人能够得到所投资的资产的经营管理情况。有限责任公司，《公司法》所称的有限责任公司是指在中国境内设立的，股东以其认缴的出资额为限对公司承担责任，在有限公司中，其信息的主要需求者就是公司的权益所有者、债主、非控制所有者；由于有限责任公司中委托代理关系的存在，其信息披露内容的重点在于如何反映公司中受托责任的履行，通过信息披露更好地减少所有者的信息劣势，监督经营者。股份公司，是指公司资本为股份所组成的公司，股东以其认购的股份为限对公司承担责任的企业法人；股份公司所具有的广泛的利益相关者就是其信息披露的对象；其信息披露的内容主要是为了股东监管其资产并进行"用脚投票"决策所服务的，因此，股份公司特别是上市的股份公司更加重视对股东的信息披露，以便股东对其资产进行监督和作出决策。

针对本书所研究的非上市国有企业来说，由于作为国有企业，其本质上具有全民性的特征，即国有企业的全部生产资料都是归全体社会公众所有的，由国家作为全体社会公众的代表对全部生产资料行使经营管理监督的权利。《中华人民共和国企业国有资产法》的第十七条规定"国家出资企业从事经营活动，应当遵守法律、行政法规，加强经营管理，提高经济效益，接受人民政府及其有关部门、机构依法实施的管理和监督，接受社会公众的监督，承担社会责任，对出资人负责"。该规定明确指出国有企业应该接受政府及相关部门以及社会公众的监督。本书中，我们将非上市国有企业信息披露对象分为两大类：国有企业内部的信息披露对象和国有企业外部的信息披露对象。

第一，国有企业内部的信息披露对象。

国有企业内部的信息披露对象主要是指国有企业的所有员工。作为国有企业的员工，他们有权利了解自己为之工作的企业的真实状况，这既是工会法、职代会等相关法律维护职工权利的规定；也是一些诸如市场人员的员工正常工作的需要。此外，员工对企业相关信息的了解，可以在某种程度上提升员工的主人翁感，增加员工的凝聚力和向心力，有利于公司运营效率的提升。

第二，国有企业外部的信息披露对象。

国有企业外部的信息披露对象按照其与国有企业关系性质不同可以分为四类：国有企业主管部门、国有企业债权人、公众以及其他利益相关者。

（1）国有企业的主管部门主要是指各级国有资产监督管理部门及相关政府部门。作为全体人民利益的代表、国有资产直接出资人代表的各级国有资产监督管理部门，有权利也有义务掌握企业的经营状况、利润分配、资本结构、资本保值增值以及其他一些重要事项。政府既是非上市国有企业的直接出资人，但同时又承担了对非上市国有企业的资产运行进行监管的职责。政府监管部门主要包括财政机关、税务机关、金融监管机关、保险监管机关、工商机关、质量安全机关等，这些机关因为要履行对企业的监管职能，所以对企业财务信息和相关事项信息也具有需求，成为了国有企业外部的信息披露对象之一。

（2）国有企业的债权人。这里的债权人是一个广义的概念，主要是指包括供应商、债务担保人、债券持有人、金融机构在内的一切借贷给非上市国有企业的机构和组织。作为债权人，这些机构和组织有权利对非上市国有企业的运营情况进行了解和监督。

（3）公众。作为公共资产的国有企业，它应该对作为国家全部财产的实际所有者的公众负责，公众作为最终意义上的投资人是非上市国有企业的事实股东，公众应该具有对其出资的非上市国有企业进行监督的权利和义务，因此，全体国民无疑应该成为非上市国有企业信息披露的对象。

（4）其他利益相关者。除了上述三类非上市国有企业外部的信息披露对象之外的诸如消费者、媒体、竞争对手等其他一切企业的利益相关者都是非上市国有企业信息披露的对象，他们的存在对于构建国有资产的全面监督体系具有非常重要的作用和意义。

第三节　非上市国有企业信息披露内容：规范可比

信息披露内容作为委托代理关系中的委托人用来判断自己所拥有资产的经营情况、借以监督代理人履职情况的重要依据，其内容的规范性和可比性是信息披露成功与否的关键。现代公司治理结构中所有者将资产的使用权委托给代理人，代理人就承担了受托责任。受托责任的概念源于财产权，而财产权则包括了所有权和使用权，其中使用权源于所有权。在现代企业中，当委托代理关系建立以后，作为受托人，就要以最大的善意、最有效的办法、最严格地按照当事人的意志完成委托人所托付的义务；受托人在完成受托任务以后，向委托人提出报告，经过托付人同意后，受托责任才能解除（杨时展，1990）。受托责任可以细分为受托财务责任和受托管理责任。前者要求受托人尽一个最大善良管理人的责任，诚实经营，保护受托资财的安全性、完整性，同时要求其行动符合法律、道德、技术与社会的要求；后者要求受托人不仅要合法经营，而且应有效经营，公平经营，也就是说，受托人要按照经济性、效率性、效果性、公平性、环保性来使用和管理受托资源。这些内容都具有可计量性，因此而产生的计量指标既有财务指标，也有非财务指标；既有定量指标，也有非定量指标；既有经济指标，也有社会指标。受托人（经营者）的经营绩效，又可以由独立的审计活动加以鉴证，进而可以帮助委托人有效地进行受托责任解除抑或继续的决策（王光远，1999）。学者们对受托责任的研究对我们构建非上市国有企业信息披露内容的指标体系具有非常重要的指导作用。

同现代公司治理结构安排一样，非上市国有企业也是国家作为财务资本的所有者将自己具有所有权的财务资本的经营权委托给国有企业的高级经营管理者们，从而在国家和非上市国有企业经营管理者之间由于财务资本所有权和经营权的分离而形成了两者之间的受托责任关系。在国有企业的公司治理结构中，国家是代表全体人民作为财务资本的所有者代表，也就是说，非上市国有企业事实上体现了全体公众作为所有者与公司的经营管理者之间的受托责任关系。那么，作为接受国有资产经营权的非上市国有企业经营管理人员应该以最大的善意、最大的努力经营国有资产。同其他公司的经营管理者一样，这些国有资产经营者的经营结果主要受到三方面因素的影响，即经营者的经营能力水平、经营者的经营努力状况、内外部环境因素（比如政策、市场等因素）。国有资产的经营者的经营成果主要是通过国有资产的经营情况来体现的，作为所有者的公众和国家也只能通过非上市国有企业的经营信息来判断经营者的努力和能力状况，以及国有资产的保值增值的情况。信息披露制度作为消除因为所有权和经营权分离造成的所有者和经营者之间的不对称起到了非常重要的作用。债权人通过为企业提供借款形成了财务资本控制权的转移，最终在债权人和公司经营者之间形成了受托责任关系。债权人不能获得企业的剩余索取权，但却具有到期收取本金和相应利益的权利。如果公司的经营者经营不当，导致公司亏损甚至破产，债权人就无法收回自己的本金和利息，因此债权人从自己的利益出发，往往强调稳健性和要求经营者披露有关公司偿债能力的信息。

上市公司信息披露制度与非上市国有企业信息披露制度在披露内容上是有所差异的，存在这种差异性的主要原因是上市公司和非上市国有企业本质不同。两者之间本质上的差异主要体现在：上市公司的信息披露是为了保护所有投资者的利益，要求所有信息的披露必须在同一时间向所有的投资者进行披露；而非上市国有企业因为其经营目标的复杂性，即国有企业具有公共目标和经济目标并存的复杂目标体系，并且很多国有企业涉及国计民生安全，因此，非上市国有企业的信息披露不能像上市公司那样在同一时间内对所有信息披露对象披露同样的内容，而应该针对不同对象进行分层次的信息披露。具体说来，对于一些涉及国家安全需要保密的信息，必须要关注其应该保密的范围、保密的对象和保密的程度，因此，在研究和设计非上市国有企业信息披露制度时必须对所披露信息内容的类别有个清楚的界定，针对不同类别的信息采取不同方式、不同渠道披露。

表6—2是自2004年国有企业信息公开首次被提出后，各种观点的汇总。从表6—2中可以看出，不同代表人物虽然提出了关于国有企业信息披露制度的不同的观点，但是关于国有企业信息披露制度的内容大致可以概括为以下几部分：（1）国有企业的经营信息，利润的分配情况；（2）国有企业领导人的收入情况；（3）比照上市公司信

息披露标准，国有企业其他一切不涉及国家机密、国家安全和商业机密的信息。

表 6—2　　　　　　　　国有企业信息披露的各种观点汇总表

代表人物或规定	主要观点
马正武（2004）	2004 年，向社会公众发布了首家参照上市公司标准的中国国有独资公司非上市公司年报——中国诚通集团年报，他认为国有企业信息披露是应该承担的社会责任
马蔚华（2005）	国有企业高级管理人员及其配偶的收入和家庭资产变动情况（信息披露内容） 国企主要负责人、财务负责人和负责对企业进行审计的会计师事务所，应对信息披露的真实性、及时性、准确性负责（信息披露责任人的确定） 定期对外公开进行信息披露（信息披露的渠道和方式） 向全体员工进行更为详尽的信息披露（信息披露的渠道和方式） 设立专门部门负责处理虚假信息举报，对于实名举报或社会影响较大的举报，应予查实（信息披露的保障和支撑） 国家保护企业职工、社会公民对国有企业虚假信息披露进行监督并实行奖励（信息披露的保障和支撑） 信息披露不实或未及时进行信息披露，应由国有资产监管部门对企业进行处罚，并追究个人责任（信息披露的保障和支撑）
《OECD 国有企业公司治理准则（2005）》	OECD 在准则中列举了在信息披露中必须包含的项目： 1. 向公众提供公司目标和实现情况的详细描述 2. 公司的所有权情况 3. 现存的风险因素和采取的防范措施 4. 任何来自于政府的财务帮助，包括担保 5. 关联交易
李荣融（2006、2008）	分别在 2006 年和 2008 年，两度提出要尽快建立相应制度，将国资委账本公开
《政府信息公开条例》	《政府信息公开条例》早已将公共企事业单位的信息公开纳入制度范畴，信息公开的部门涵盖"教育、医疗卫生、计划生育、供水、供电、供气、供热、环保、公共交通等与人民群众利益密切相关的公共企事业单位"
汪玉凯（2009）	国有企业每年的经营情况应该部分对外公开，利润中多少用于收入分配，多少用于再生产，多少用于上缴利税，都应该让公众明明白白。这些不涉及商业机密，而且由于国有企业的性质是国有的，这些内容更多地涉及公共利益，应该公开

续表

代表人物或规定	主要观点
台盟中央（2009）	2009 年 3 月 12 日台盟中央向即将召开的全国政协十一届二次会议递交提案，建议由国资委牵头，会同财政部、国家税务总局等部门，共同编制年度国有企业白皮书，并鼓励各级地方政府也发布所属重点国有企业年度白皮书。提案进一步说明，白皮书应主要包括宏观和微观两方面内容。宏观方面应阐述国有企业现状与趋势、国有企业发展战略、国有企业生产经营领域、国有企业总体盈亏等情况；微观方面即各个国有企业年度报告，包括企业业务性质变更、股权变更、高管薪酬、董事变更、财务报告、经营状况、企业捐赠等。台盟中央认为，由政府定期发布年度国有企业白皮书，既有利于统一国有企业的财务制度，加大公众和舆论的监督力度，也能起到增信释疑的作用
十八届三中全会（2013）	国企财务预算等重大信息要向社会公开
《企业信息公示暂行条例》（2014 年 8 月）	通过企业信息公示系统，对其相关信息进行公示，已达到规范企业信息公示，强化企业信用约束，维护交易安全，提高政府监管效能，扩大社会监督的目的

资料来源：笔者根据相关信息整理。

如前所述，鉴于国有企业目标的复杂性和特殊性，这就要求在设计非上市国有企业的信息披露制度框架时应该既考虑到如何突显其经济性目标，即既像上市公司那样设计出能够显示其经营情况的各项经济情况指标，又要求设计出能体现国有企业社会性特征的指标。为了保证各类国有企业尽最大可能发挥各自的作用，应该完善两种作用的评价指标体系，并赋予不同权重。社会性特征指标采用公共绩效指标，经济作用采用财务绩效，同时辅之以其他绩效指标。公共绩效的核心指标是社会贡献率，财务绩效的核心指标是国有资产增值率，其他绩效指标主要包括客户满意度、企业运营效率、企业创新能力等。此外，针对不同行业中的非上市国有企业的信息披露制度应该有所区别，处于保密要求较高的行业的非上市国有企业的信息披露制度设计和处于一般竞争性行业的非上市国有企业的信息披露设计制度应该有所不同。

　　笔者认为理论上为不同的信息需求者按照他们的需求个性化地披露他们所需要的信息自然是个不错的选择，但是这必将增加非上市国有企业的信息披露成本。按照信息披露成本收益原则的要求就是尽可能减少信息披露的成本，从而使信息披露的收益最大化。根据这一成本收益的原则，笔者认为对于非上市国有企业的信息披露制度的设计也应该参照上市公司信息披露制度，由国家出面制定的一个具有权威性的统一的信息披露准则，要求所有的非上市国有企业可以参照这一准则来进行公开的信息披露。涉及一些比较重要和需要保密的数据可以在公开信息披露时不予披露，而在对上级国有资产监督管理部门的信息披露中，关系到国有资产经营的重大事项的一些数据却必须如实报告和披露。上市公司所应披露的信息是指可以对证券市场的股票价格、投资者的决策产生重大影响的信息。非上市国有企业因为并不涉及公司股票上市交易的问题，因此非上市国有企业所披露的信息主要是指能够反映该企业经营状况、国有资产保值增值情况的信息。根据前面对受托责任内涵的论述，委托人对受托人的考核内容可以分为以下五个指标：经济性指标、效率性指标、效果性指标、环保性指标和公平性指标。按照这些信息的性质可以将其分为企业的经营信息、财务信息、公司治理信息、经营环境预测和分析等。

　　表6—3是笔者设计的非上市国有企业信息披露内容的基本框架。非上市国有企业对外披露的信息，应该包含企业的生产经营情况、资产运营情况以及其他对国有资产出资人权益有重大影响的事项，其中应以财务信息为主。通过财务指标，可以了解企业的全部重要经济活动，发现企业经营、管理中存在的多数问题，便于社会和政府监督。包括常规事项和重大事项。

表 6—3　　　　　　　　　　　　非上市国有企业信息披露的内容

项目	具体内容
企业基本情况	企业名称、企业资本结构、企业组织结构以及相关事项
企业的公司治理情况	1. 董事的名单 2. 董事的权利范围如何？董事是如何免职或任命的？ 3. 董事的责任是什么？ 4. 高管人员的情况 5. 外部董事情况
财务信息	会计数据、财务指标以及财务会计报告
重大决定	管理层讨论的对企业经营有重大影响的决定
经营信息的描述和预测	企业所经营业务的完整描述
社会责任状况	对社会环境的影响、是否有社会问题、承担的社会责任
员工	员工的构成以及其他基本情况
竞争环境	国内和国际竞争法对企业经营的影响，目前经营的 SWOT 分析
其他	合并、分立、改制、解散、申请破产

资料来源：笔者设计。

1. 企业基本情况。主要是关于企业的名称，企业的资本结构，企业的组织结构，企业的所在地等相关的基本情况的介绍。

2. 企业的公司治理情况。鉴于当前绝大多数非上市国有企业都已经建立了规范的公司治理结构，基本都具备了董事会，因此，对于非上市国有企业公司治理情况的披露应该包含以下内容：企业董事会的构成情况，董事的基本信息介绍，外部董事所占比例以及外部董事的信息介绍，高管人员的基本信息。参考上市公司关于公司治理情况信息披露的规定，可以将非上市国有企业公司治理情况披露内容设计为：（1）董事会、监事会的人员及构成；（2）董事会、监事会的工作及评价；（3）独立董事工作情况及评价，包括独立董事出席董事会的情况、发表独立意见的情况及对关联交易、董事及高级管理人员的任免等事项的意见；（4）各专门委员会的组成及工作情况；（5）非上市国有企业公司治理的实际状况，及与本准则存在的差异及其原因；（6）改进企业公司治理的具体计划和措施。

3. 财务信息。在充分竞争的市场环境中，企业之间的竞争会形成一种平均利润或平均成本。企业经营的实际利润和成本的水平与这种平均利润或平均成本的比较，可以初步判断企业的经营状况。由此可以推断，在充分竞争的市场环境中，企业的经营利润水平为判断企业经营状况提供了信息。因此，在企业信息披露制度中，财务信息披露对于判断企业的经营状况至关重要，财务信息的披露特别是与利润和成本相关信息的披露，可以使企业的所有者或其他利益相关者对企业的经营状况作出判断，同时对企业的经营者也会形成约束和激励的作用。但是目前的问题是缺少一个可以用来考察和监督国有企业经营的充分信息指标，但是这种状况随着国有企业改革的不断深入，国有企业同市场上其他企业竞争的充分，会得到改善，从而逐步降低所有者和利益相关者对国有企业经营信息获取和判断的成本。与公司生产经营相关的财务信息，主要包含：（1）资产负债表；（2）损益表或利润表；（3）现金流量表；（4）股东权益增减变动表；（5）财务情况说明书；（6）财务会计报告附注；（7）各种会计政策运用的说明；（8）合并会计报表；（9）审计报告；（10）其他财务会计信息。

4. 重大决定。企业的董事会所作出的对企业的经营有重大影响的重大决定。根据上市公司信息披露规则中的相关规定，可以将非上市国有企业信息披露的重大决定内容设计为：披露持有企业股份比例较大的股东以及一致行动时可以实际控制企业的股东或实际控制人的详细资料；披露企业股份变动的情况以及其他可能引起股份变动的重要事项。

5. 经营信息的描述和预测。对企业现在经营业务情况的介绍以及对公司未来经营状况的预测。

6. 社会责任状况。主要是关于企业所履行的社会责任情况，企业目前的经营对社会是否有影响，承担了什么样的社会责任，是否有不良的社会问题。

7. 员工。企业员工构成的状况。

8. 竞争环境。企业现在所处的竞争环境以及未来将要面对的竞争环境，企业的优势、劣势、机会和威胁（SWOT）分析。

9. 其他。其他一些合并、分立、改制、解散、申请破产等需要进一步说明的问题。

第四节　非上市国有企业信息披露渠道和方式：便捷高效

信息披露的渠道就是指信息披露对象获得信息的途径，信息披露渠道的选择应该考虑到信息披露对象获取信息成本问题，选择对于信息披露对象最便捷高效的渠道发布信息。

通过本书第三章对 OECD 成员国家非上市国有企业信息披露制度实践经验相关研究可知，OECD 成员国家的非上市国有企业信息披露的渠道主要是政府相关网站和企业自己的网站，另外一些政府部门还设有可以供公众查询的纸质材料。当前，中国上市公司信息披露渠道可以分成四类：一是通过纸质报刊来披露，这在现代信息技术还没有得到迅速发展之前是一种常见的主流信息披露渠道；二是在指定场所提供公开查阅，上市公司的年报等公开披露的信息在上市公司驻地、所属的证券监管机构都可以获得；三是通过基于互联网的电子信息披露系统，在上市公司网站和证券交易所的网站上都可以获得；四是向特定的对象寄送或报送，比如上市公司会向投资人、债权人等信息需求者寄送公司所披露的信息材料，向政府监管机构报送材料。这四种方式在现实中是同时被使用的，而其中网络渠道是股民成本最低、最便捷获取上市公司信息的渠道，广大的投资者可以通过深市和沪市的网站以及上市公司自己的网站上及时获取上市公司发布的定期报告和临时报告。

非上市国有企业也可效仿上市公司，在国资委网站和企业自己的网站上发布定期报告和临时报告，根据本书第五章的研究可知，现有的 113 家非上市国有企业都已经建立了自己的公司网站，并且对一部分内容已经进行了公开，只是信息披露公开透明程度上有所区别；但可以明确的是，当前的网络技术支持基本可以为非上市国有企业信息披露制度的顺利实施提供硬件保障，只是具体到如何通过创新网络技术支持实现对非上市国有企业信息披露渠道的创新，帮助公众、媒体、中介等利益相关者更方便、更有效地获取非上市国有企业经营信息，这仍然是一个重要的问题。

依据不同的标准，信息披露方式可以分成不同的类型：

根据信息披露主体披露信息的动机和意愿不同，可以将信息披露方式分为自愿披露和强制披露两种类型。以上市公司的信息披露为例，当前的上市公司的信息披露制度中是以强制披露为主，自愿披露为辅，证券管理部门就一些重要的内容作出了强制披露的规定，企业可以有选择地进行自愿披露现有规定外的其他内容。

根据信息披露主体披露信息的时间不同，可以将信息披露方式分为定期披露和临时披露。还是以上市公司的信息披露为例，上市公司的财务信息和其他重要事项都具有很强的时效性，及时公开这些重要的财务信息，才能便于投资者、主管部门对上市公司进行有效监督、管理和作出决策。因此，上市公司的信息披露制度中对常规事项的信息采用的是定期披露的方式，尤其是财务信息因其本身具有明显的会计期间（每半年一次或一年一次），所以上市公司的定期披露为年度披露、半年度披露。对于一些临时重大事项则采用临时披露的方式。国际上国有企业信息披露的方式也多是参照上市公司采取披露年报或半年报的定期披露方法，还没有相关临时披露情况的文献研究。

笔者认为，我国非上市国有企业信息披露渠道和披露方式的设计，可以借鉴上市公司信息披露的方式，采用"强制披露和自愿披露相结合"模式，规定强制披露的信息内容，其他的内容企业可以自行选择自愿披露。对于财务信息和一些重要事项披露可以实施中期报告和年度报告公告制度。年度报告应当在每个会计年度结束之日起4个月内，中期报告应当在每个会计年度的上半年结束之日起2个月内对外披露。对重大事项信息，采用临时披露的方式，有相关事件发生后5日内对外披露。

在信息披露渠道的选择上，应该根据非上市国有企业的不同性质选择不同信息披露渠道和信息披露方式①：

（1）对于关系国计民生行业的非上市国有企业，可以在规定报刊上定期发布常规事项信息（如财务报告）和不定期披露部分重大事项信息。定期公告一般以半年一次为宜，对于一些重要的信息需求者或不宜广泛披露的信息，比如政府监管机构、出资者，还必须定时补充报送资料。如水、电、气、公交行业关系老百姓日常生活问题的行业，就应适时、准确、广泛地向老百姓披露其财务报告、未能清偿到期重大债务的违约情况等信息。当然对于前述的某些信息不一定都要广泛地对外披露，如工作总结、向集团外提供担保等，就只须向出资者披露。

（2）对于普通行业的非上市国有企业，可在企业特定场合设置信息公开栏或仿照上市公司的做法将应公开的信息资料置于指定场所或向特定的信息需求者报送资料。披露的信息范围也可以大大缩小。如一般的房地产开发企业，就可以采用将有关财务信息粘贴于特定场合的公告栏内，同时对特定债权人（银行）报送财务资料。

（3）对于不参与一般市场竞争的、涉及国家机密的非上市国有企业，如高科技研发企业和军工企业等，就可以不对外披露其信息，只须向出资人和相关部门报送资料即可。

第五节　非上市国有企业信息披露监管方式：内外兼顾

信息披露监管是保障信息披露制度有效运营的重要保障。《上市公司信息披露办法》中明确规定上市公司董事、监事、高级管理人员应当对公司信息披露的真实性、准确性、完整性、及时性、公平性负责，但有充分证据表明其已经履行勤勉尽责义务的除外。上市公司董事长、经理、董事会秘书，应当对公司临时报告信息披露的真实性、

① 这部分内容参考了张军《非上市国有企业信息披露制度研究》，重庆谛威网，ht-tp：//www. dwcpa. com. cn/，2008 年 12 月 4 日。

准确性、完整性、及时性、公平性承担主要责任。上市公司董事长、经理、财务负责人应对公司财务报告的真实性、准确性、完整性、及时性、公平性承担主要责任。《上市公司信息披露管理办法》是从正面规定了信息披露义务人的信息披露义务和责任，《信息披露违法行为责任认定指引》则从追究违法行为责任的角度提出了更具可操作性的规定，便于监管部门开展日常监管。

非上市国有企业信息披露监管可以仿效上市公司相关规定和做法，从内部和外部两个方面来建立和完善非上市国有企业信息披露的监管系统。

内部监管。非上市国有企业信息披露的内部监管系统的建立应包括三方面：完善的公司治理结构为信息披露提供了坚实的制度基础；设立专门的国有企业内部审计委员会；规范中央企业信息披露管理制度。

外部监管。非上市国有企业信息披露的外部监管系统应该包含四个方面：强化各级国资委在非上市国有企业信息披露制度中的监管作用；完善相关法律法规，建立健全的信息披露责任追究机制；发挥媒体和社会公众对非上市国有企业信息披露制度的监督作用；提升各类中介机构在非上市国有企业信息披露制度中的监督作用。

结束语

　　十八届三中全会提出"以管资本为主加强国有资产监管"，为国有企业监管指明了原则和方向。作为资本市场所有者监管资本的重要制度，信息披露制度在减少信息不对称和代理成本方面的作用已被广泛证明。非上市国有企业作为国有企业的一种，其信息披露制度的研究具有非常重要的意义和价值。我们可以通过对非上市国有企业本质的剖析，来明确这个问题的重要性。非上市国有企业作为国有企业决定了其全民性的本质特征，而其国有资产全民所有的本质特征决定了公众就是其真正的所有者，那么如何让其真正的所有者能够了解国有资产经营情况？如何能够确保国有资产安全？如何能够加强对国有资产的有效监管？增加非上市国有企业经营的公开透明度，建立规范的信息披露制度无疑是一个重要的途径。

　　现有的非上市国有企业正处于行政性强制信息披露和自愿性信息披露并存的阶段，只是现有的大多数非上市国有企业除了按照相关上级行政单位公开经营信息披露之外，只有很少一部分非上市国有企业能够主动地进行自愿性信息披露，即使这些少数进行自愿性信息披露的非上市国有企业绝大多数选择披露一些一般性的公司治理信息和社会责任信息，对于同企业经营密切相关的财务信息、高管薪酬等信息基本不向公众公开披露。针对当前中国非上市国有企业信息披露对象狭隘、内容缺乏规范、渠道不便捷以及监管缺失等情况，本书尝试给出一些政策建议和对策，希望能为构建"阳光国企"，提升国有企业特别是非上市国有企业的公开透明，创新国有企业监管作出一些贡献。

　　关于国有企业信息披露制度特别是非上市国有企业信息披露制度研究还有很多需要进一步深入的工作，比如如何针对不同类型国有企业进行信息披露、不同类型国有企业信息披露内容指标确定等，这些都将成为笔者今后研究的方向，"路漫漫其修远兮"，笔者一定会在这一方向下继续努力，希望将来能够提出一些更具操作性的对策建议，在这个领域中有进一步的贡献和成果。

附录一 《OECD 国有企业公司治理指引》

——与国有企业信息披露相关的条例和注释

第一章 确保对国有企业有效的法律和监管框架

对国有企业的法律和监管框架应当确保国有企业和私营公司在市场上公平竞争，以避免市场扭曲。这个框架应建立在《经合组织公司治理原则》上，并与之充分相容。

第一章中共包含六条内容，其中第三条为：

超出普遍接受标准的、以公共服务名义要求国有企业承担的任何义务和责任都需要按照法律和规则明确授权。这些义务和责任还应该向社会公众披露，相关的成本应该以透明的方式支付。

注释： 在一些事例中，国有企业常被期待要为社会和公共政策目标履行特别的责任和义务。在一些国家中包括了国有企业必须按照价格调控的规定销售他们的产品和服务。这些特殊的责任和义务可能超出了一般可以接受的商业活动标准，而应该清楚地按照法律和规定进行授权和推动。这些规定还适合写入公司章程。

市场和普通大众应该清楚地了解这些义务的性质和范围，以及这些义务对国有企业资源和经济表现的全面影响。

同样重要的是，相关的成本应能被清楚地识别、披露，并且基于特殊法律规定和/或通过契约机制（例如管理或服务合同）由国家财政预算予以适当补助。补助的构成应采取避免市场扭曲的方法，尤其当有关企业在经济体系中处于竞争领域的情况下，更要这么做。

第二章 国家应作为一个所有者行事

国家应该作为一个知情的和积极的所有者行事，并应制定出一项清楚和一致的所有权政策，确保国有企业的治理具有必要的专业化程度和有效性，并以透明和问责方式贯彻实施。

第二章中共包含了六条内容，其中第六条为：

国家作为一个积极的所有者应该按照每个公司的法律框架行使其所有者权利。其主要职责包括：

1. 委派代表出席全体股东大会并行使国家股份投票权。

2. 在全资或控股的国有企业建立合乎规则的和透明的董事会提名程序，积极参与所有国有企业董事会的提名。

3. 建立报告制度，允许对国有企业经营绩效进行定期的监督和评估。

4. 在法律制度和国家层所有权机构允许时，与外部审计员和特派国家监察机构保持经常性对话。

5. 确保国有企业董事会成员的薪酬计划有助于公司的长期利益，并能吸引和激励合格的专业人才。

注释： 为了避免不适当的政治干预或被动的国家所有权，协调主体或所有权实体集中精力于有效的行使所有权是很重要的。国家作为一个所有者，当其处于对公司有重大影响的地位时，尤其应该像任何主要股东一样行事；当其处于占有少数股权的股东地位时，也应该作为一个知情的和积极的股东行事。提出如此行使权利的忠告是为了保护其所有权和实现其价值最大化。

正如《经合组织公司治理原则》所定义的，股东的四项基本权利是：（1）出席并在股东大会上投票表决；（2）及时和定期地获得相关和充分的公司信息；（3）选举和撤换董事会成员；（4）批准特别交易。协调主体或所有权实体应该充分而又明智地行使这些权利，因为这是在没有侵犯国有企业日常管理的情况下允许对他们施加的必要的影响。对国有企业治理和监督的有效性和可信度，在很大程度上取决于所有权主体知情地行使其股东权利和在国有企业中有效地履行其所有权职能的能力。

所有权实体需要具有特殊素质和拥有能够熟练履行受托责任的法律、财务、经济和管理技能的专业人才。这些专业人才也必须清楚地认识到相对于国有企业来说他们自己有像公务员一样的角色和职责。另外，所有权实体应该具备的素质还关系到，由于一些国有企业在其监督之下，它还需要按照公共服务规定承担特别义务。为了以更好的方式行使国家所有权的权利，协调主体或所有权实体还应该有可能聘请外部顾问和在所有权职能的一些方面进行协议外包，例如，可以让专家进行评估、主动督察，或者在认为必要和合适时以其身份进行代理人投票。

其主要职责包括：

1. 委派代表出席全体股东大会并行使国家股份投票权

国家作为一个所有者应该通过行使其投票权或者对如果不行使投票权至少作出解释来履行其受托责任。对于国有企业全体股东大会之前的提议，国家不能使自己处于毫无反应的境地。

国家应能在股东大会上对提交审批的问题阐明自己的观点，协调主体或所有权实体有必要使自己能够就这些问题提出知情的观点，并且在全体股东大会上向国有企业董事会作出清楚的表达。

在全体股东大会上为国家代表阐述观点制定适当的议程是很重要的，这样可以实现例如清楚地辨认出是由协调主体或所有权实体代表着国家的股份。

2. 在全资或控股的国有企业建立起合乎规则和透明的董事会提名程序，积极参与对所有国有企业董事会的提名

协调主体或所有权实体应确保国有企业具有高效和职能健全的专业的董事会，使其具备需要的多种技能组合以完成它们的职责。这将涉及建立一个合乎规则的提名程序并在此过程中担当积极的角色。如果所有权实体被授予了在提名程序中组织国家参与的唯一责任，这将

为此提供方便。

国有企业董事会的提名应该是透明的、明确规则的，并以对各种所需技术、技能和经验的评价为基础。所需的技能和经验应取得一个专责委员会的评估，并服从公司长期战略的需要。当法律或双方协议需要时，这些评估还要考虑到员工委员会代表所担当的角色。提名基于如此清晰的对技能的要求和评估，将会形成更加专业化、可问责性和商业导向的董事会。

当国家不是唯一的所有者时，协调主体或所有权实体应在全体股东大会之前征求其他股东的意见。国有企业董事会也应能够根据获得批准的对董事会成员的简要介绍、技能要求和对董事会成员的评估向所有权实体提出建议。建立提名委员会有助于重点选拔优秀的候选人和进一步完善提名程序。在一些国家，还考虑到建立一个专门的委员会或"公众委员会"来监督国有企业董事会的提名也是个好办法。尽管这种委员会或公众委员会或许只有建议权，但在实际中它们可能对提高国有企业董事会的独立性和专业化具有强烈的影响。被提名人名单应在全体股东大会之前公布出来，并附上关于各个候选人的职业背景和专门技能的足够的信息。

所有权实体能够掌握经过公开竞争程序选拔出来的一个合格候选人的数据库也是很有用的。利用专业招聘中介机构或国际广告是提高选拔过程质量的又一个办法。这些操作会有助于增大为国有企业董事会提供合格候选人的蓄水池，特别在私营部门具有的专业技能和国际经验方面。这些程序也可能更适合于大型董事会的多样性，包括性别差异化。

3. 建立报告制度，允许对国有企业经营绩效进行定期的监督和评估

协调主体或所有权实体为了能对公司的重要事务作出知情的决定，它们需要确保及时得到所有必要的和相关的信息资料。它们也应该建立起能够连续监督国有企业活动和业绩的手段。

协调主体或所有权实体应确保建立适合于所有国有企业的充分的

对外报告制度。这个报告制度应向协调主体或所有权实体展示国有企业经营绩效或者财务状况的真实画面，使它们能够作出及时反应和进行有选择的介入。

协调主体或所有权实体应使用适当的手段和选择合适的价值评估方法去监督国有企业与既定目标相比较的经营业绩。这有助于制定同样适用于国内外私营或公共部门实体的、系统的国有企业经营绩效标杆体系。这套标杆基准应包括生产率和劳动力、资产、资金的使用效率。这套标杆对于在非竞争领域内的国有企业尤其重要。这样会使国有企业、协调主体或所有权实体和社会公众能够更好地评价国有企业经营绩效和回顾它们的发展。

在协调主体或所有权实体内配备足够的具有会计和审计技能的人员，并与有关方面包括国有企业的金融服务机构、外部审计员和特派国家监察员保持适当的交流，这会便于对国有企业经营绩效的有效监督。

4. 在法律制度和国家层所有权机构允许时，与外部审计员和特派国家监察机构保持经常性对话

根据法律规定，协调主体或所有权实体可以被授予对外部审计员的提名权，甚至指定权。对于全资国有企业，协调主体或所有权实体应与外部审计员以及特派国家监察员（如果设置了这个职能的话）保持持续的对话。这种持续的对话可以采取定期交换信息、举行会议以及出现特殊问题时讨论的方式。外部审计员将向协调主体或所有权实体提供关于国有企业绩效和财务状况的外部的、独立的和合格的看法。然而，所有权实体与外部审计员和国家监察员的持续对话不应以损害董事会的职责为代价。

当国有企业上市或部分持股时，协调主体或所有权实体必须尊重占少数股权的股东的权利和公平对待占少数股权的股东。与外部审计员的对话不应给协调主体或所有权实体任何优先的信息，而应遵循对特权的和保密的信息的规定。

5. 确保国有企业董事会成员的薪酬计划有助于公司的长期利益，

并能吸引和激励合格的专业人才

虽然存在着把国有企业董事会成员的薪酬与私营部门拉近的强烈倾向，但是在经合组织的多数成员国内，由于其所需的技能和经验还有担负的责任的原因，其薪酬仍然远远低于市场水平。

第三章 平等对待所有股东

按照《经合组织公司治理原则》，国家和国有企业应该承认所有股东的权利，确保他们得到公平对待和平等获得公司如下信息：

（一）协调主体或所有权实体与国有企业应该确保所有股东得到公平对待；

（二）国有企业应该对所有股东高度透明；

（三）国有企业应该制定与所有股东进行交流和征求意见的积极政策；

（四）应为占少数股权的股东参加股东大会提供便利，以便能使他们参与例如选举董事会这样十分重要的公司决策。

注释：按照《经合组织公司治理原则》，国家和国有企业应该承认所有股东的权利，确保他们得到公平对待和平等获得公司信息。

平等对待占少数股权的股东与所有企业的利益攸关，由于这方面的声誉将影响吸引外部资金的能力以及对企业价值的评价，确保国有企业平等对待占少数股权的股东符合国家的利益，因此要确保其他股东不把国家看成是一个不透明、不可预见和不公平的所有者。恰恰相反，国家应该成为遵循对待占少数股权的股东最佳实践的值得仿效的典范。

1. 协调主体或所有权实体与国有企业应该确保所有股东得到公平对待

当私人股东、机构或个人持有一部分国有企业资本时，国家应该认可他们的权利。参照《经合组织公司治理原则》中关于占少数股权股东的权利，也符合协调主体或所有权实体和国有企业自身的利益。

《经合组织公司治理原则》中阐明"占少数股权的股东应该受到保护以使他们不被直接或间接的、为控股股东谋利而滥用权力的行为所侵害，并且应建立起有效的补偿机制"。《经合组织公司治理原则》还禁止内幕交易和滥用自我交易。最后，《经合组织公司治理原则》的注释建议对某些股东决议设置优先权和合格的占多数股权股东作为事前保护占少数股权股东的办法。

国家作为占有支配地位的大股东，在许多情况下的股东大会上能够不经任何其他股东同意就作出决定，以此身份通常能够决定董事会的组成。当这种决策权是依据其所有权的合法权利时，重要的是国家作为一个占有支配地位的股东有没有滥用权力，例如是否有追求不符合公司利益并且从而损害其他股东利益的目标。权力滥用可能发生于通过不适当的关联交易、带有偏见的业务决策以及为讨好控股股东而改变资本结构。可以采取的措施包括更好的信息透露，董事会成员的忠诚责任，以及对某些股东决策的合格的占多数股权股东的条件。

协调主体或所有权实体应该制定关于公平对待占少数股权的股东的指导方针。它应该确保每个国有企业，特别是其董事会要充分意识到与占少数股权的股东的关系的重要性，并且积极增强这种关系。

正如《经合组织公司治理原则》所述，"当法律制度允许且市场接受时，控股股东作为所有者并没有采取法定方式把控制权从所有权中分离出来，而运用的控制水平又与风险水平不对称时，潜在的滥用情况就会显现出来"。因此，政府应当尽可能地限制使用黄金股和披露那些与公司股东的所有者权益不相称的、允许一个股东超越公司行使一定程度控制的股东协议和资本结构。

2. 国有企业应该对所有股东高度透明

保护占少数股权的股东和其他股东的一个关键条件是确保高度透明。《经合组织公司治理原则》阐明，"为确保公平对待，支持同时向所有股东报告信息，在保持与投资者和市场参与者紧密关系的过程中，公司必须谨慎避免违反公平对待这个基本原则"。

占少数股权的股东和其他股东应该能够接触所有必要的信息从而作出知情的投资决定。同时，大股东包括协调主体或所有权实体，不应该对它们作为控股股东或董事会成员可以获得的信息有任何的滥用。对于没有上市的国有企业，其他股东通常是易于被辨认的，而通过例如在董事会的席位可以经常优先获得信息。然而，无论关于信息披露的法律和规则框架的质量和完整性如何，协调主体或所有权实体都应该确保在所有国家持有股份的企业，建立起保证所有股东都能相应便利和公平地获取信息的机制和程序。

任何股东协议，包括覆盖董事会成员的信息协议，都应该予以披露。

3. 国有企业应该制定与所有股东进行交流和征求意见的积极政策

国有企业、包括国家作为占少数股权的股东的任何企业，应该辨认它们的股东，并且以及时和系统的方式让它们的股东对重要事件和即将召开的股东会议按时知情，还应该为它们的股东提供关于将要提交决策的议题的足够的背景信息。确保公司履行对股东发布信息的义务是国有企业董事会的责任。在此过程中，国有企业应该不仅采用已经存在的法律和规则框架，而且在框架之外，鼓励其在建立起信用和信心的相关方面做得更多。如果可能，与占少数股权的股东的积极协商将有助于改进决策过程和对关键决定的认可。

4. 应为占少数股权的股东参加股东大会提供便利，以便能使他们参与例如选举董事会这样十分重要的公司决策

占少数股权的股东可能会关心在公司的股东会议或董事会会议之外作出的实际决定。这对于拥有一个重要的或控股股东的上市公司是合法的关心，然而这在国家是占有支配地位的股东的公司中也会成为一个问题。作为一个所有者的国家的正确做法，可以让占少数股权的股东消除疑虑，保证对他们的利益予以考虑。

正如《经合组织公司治理原则》所强调的，参加全体股东大会是最基本的股东权利。为鼓励占少数股权的股东积极参加国有企业的全体股东大会并便于他们行使权利，国有企业可以采用特殊机制，这与

《经合组织公司治理原则》对上市公司的建议一脉相承。这些包括对某些股东决策的合格的占多数股权的股东要求和当被外界认同时使用特殊选举规则的可能性，例如累计投票制。另外，措施还包括，便利的缺席投票或推广使用电子投票方法以降低参与成本。此外，员工股东参加全体股东大会，通过例如在员工股东中收集代理人投票可能是方便的。

重要的是，保护占少数股权股东的任何特殊机制都必须仔细权衡。它应该得到全体占少数股权的股东赞成，并且无论在哪一方面与公平对待的概念都不发生矛盾。它应该既不妨碍国家作为占多数股权的股东施加其对决策的合法影响，也不允许占少数股权的股东阻碍决策程序。

……

第五章　透明度和信息披露

按照《经合组织公司治理原则》，国有企业应遵循高标准的透明度。

（一）协调主体或所有权实体应就国有企业作出符合实际的合并报告，并且公布关于国有企业的年度合并报告。

（二）国有企业应该制定有效的内部审计程序，并且建立由董事会监督和直接向董事会及其审计委员会或相同公司机构报告的内部审计职能。

（三）国有企业，尤其是大型国有企业应该经过基于国际标准的年度外部独立审计。现存特殊的国家监控程序不能代替独立的外部审计。

（四）国有企业应该像上市公司一样依照高质量的会计和审计标准。大型国有企业或上市的国有企业应按照国际上认可的高质量标准披露财务和非财务方面的信息。

（五）国有企业应按照《经合组织公司治理原则》中要求的所有

事务披露重要信息，并且重点是明显关系到作为所有者的国家和普遍公众的领域。这些信息的举例包括：

1. 向公众提供一个关于公司目标及其实现情况的清晰声明。

2. 公司的所有权和选举权结构。

3. 任何重大风险因素以及处理这些风险所采取的措施。

4. 收到任何来自国家和以国有企业名义承诺的财务扶持，包括担保。

5. 与相关实体的任何重大交易。

注释：

按照《经合组织公司治理原则》，国有企业应遵循高标准的透明度。

（一）协调主体或所有权实体应就国有企业作出符合实际的合并报告，并且公布关于国有企业的年度合并报告

协调主体或集中的所有权实体应当开发覆盖所有国有企业的合并报告，并且使其成为一个面向普通民众、国会和媒体的关键的披露工具。这个报告应该让所有的读者获得对国有企业总体业绩和进展的清楚的看法。另外，合并报告对于协调主体或所有权实体还应起到加深了解国有企业业绩和验证自身政策的作用。

合并报告应该生成一份由国家出版的年度合并报告。这份合并报告应该主要集中在财务业绩和国有企业的价值。它至少应该表明一个国家投资组合的总体价值。它还应该包括关于国家所有权政策和国家如何贯彻这些政策的信息的一般陈述，也应该提供关于所有权职能组织的信息，还有关于国有企业进展的概述，合并的财务信息和关于国有企业董事会变化情况的报告。合并报告应该提供的主要财务指标包括：营业额、利润和经营活动的现金流量、投资总额、股东权益报酬率、权益/资产比率和股利。还应该提供用于合并数据的方法的信息。合并报告也应包括对重要大型国有企业的单独报告。重要的是需要强调，合并报告不应逐年复制，例如对提交给国会的年度报告就应该按照要求对已有报告予以补充。一些所有权实体只打算公布"部分"的

合并报告，例如只包括可比较部门的国有企业的活动。最后，发表双年度合并报告会进一步改进国家所有权的透明度。

一些国家已经证明，协调主体或所有权实体设立一个网站使普通民众容易获取相关信息是有用的。这个网站应能提供关于所有权职能组织和总的所有权政策，以及关于国有部门的规模、进展、业绩和价值的所有信息。

（二）国有企业应该制定有效的内部审计程序，并且建立由董事会监督和直接向董事会及其审计委员会或相同公司机构报告的内部审计职能

如同大型的上市公司一样，大型国有企业适当设置一个内部审计系统是必要的。"内部审计是一个为增加价值和改进组织运营而设计的独立的、客观保证的和咨询的活动。应引入系统的、惩戒的方式评价和改进风险管理的效果、控制和治理过程，来帮助组织实现目标。"从广义上看，内部审计员的重要性在于确保一个有效率的和强健的披露过程和正当的内部控制。他们应该确定收集、编辑和提交充分详细的信息的程序，也应该确保充分执行公司的程序并且能够确保公司信息披露的质量。

为了增加他们的独立性和权威性，在单层委员会制度（one-tier systems）中，内部审计员应该以董事会（the board）及其审计委员会（audit committee）的名义工作并向其直接报告；在双层委员会制度（two-tier systems）中，内部审计员应该以监督委员会（the supervisory board）的名义工作并向其直接报告；或者当存在审计董事会（audit boards）时，内部审计员应该以其名义工作并向其直接报告。内部审计员应能无限制地接触到整个董事会及其审计委员会的主席和成员。对于董事会评价公司的实际经营和业绩的能力来说，他们的报告是很重要的。还应该鼓励外部的和内部的审计员之间的协商。最后再推荐一个良好的做法是，财务报表中应包括一份内部控制报告，以描述内部控制的结构和财务报告的程序。

（三）国有企业，尤其是大型国有企业应该经过基于国际标准的

年度外部独立审计。现存特殊的国家监控程序不能代替独立的外部审计

国有企业不一定要求被外部的独立审计员审计。这常常归咎于有特殊的国家审计和控制系统，它们有时会考虑到充分保证会计信息的质量和综合性。这些财务控制典型地由专门的国家或"最高"审计部门执行，它们可以对国有企业和协调主体或所有权实体都检查。在许多场合它们也参加董事会会议，经常将国有企业的业绩直接向国会报告。然而，这些特殊控制的设计是用于监控使用公用基金专款和预算资源的国有企业的经营，而不是针对所有的国有企业。为了增加对所提供信息的信任，除了专门的国家审计之外，国家应该要求至少所有的大型国有企业都要受到按照国际标准执行的外部审计。应该制定适当的程序选聘外部审计员。至关重要的是，他们对于管理层以及大股东（例如，政府是国有企业股东的情况）都是独立的。而且，外部审计员应当符合像对私营部门公司一样的独立性标准。这一般包括限制对被审计的国有企业提供咨询或其他非审计服务，以及对审计合伙人或审计公司的定期轮换。

（四）国有企业应该像上市公司一样依照高质量的会计和审计标准。大型国有企业或上市的国有企业应按照国际上认可的高质量标准披露财务和非财务方面的信息

为维护普通民众的利益，国有企业应该像上市公司一样透明。无论它们的法律地位如何，即使它们不是上市公司，所有的国有企业都应该按照最佳实践的会计和审计标准进行报告。

所有国有企业应该披露财务的和非财务的信息，大型的和上市的国有企业应该按照国际认可的高质量标准这么做。这意味着国有企业董事会成员要在财务报告上签字，而且首席执行官（CEO）和首席财务官（CFO）要证明这些报告在所有资料方面是恰当地和公正地提交了国有企业的经营和财务状况。

在可能的情况下，应该进行成本—收益分析以确定哪个国有企业符合国际认可的高质量标准。进行这种分析，还考虑到按照要求做出

需要的披露，对于董事会和管理层专业化地履行他们的职责，既是一种激励又是一种手段。如果他们不是以重要的公共政策为目标，在一定规模以下的国有企业可以不在此列。这样例外情况只能取决于实际的基础并且随着国家、行业部门和国有部门的规模不同而变化。高水平的披露对于执行公共政策目标的国有企业也是有价值的。当它们对国家预算有显著影响时，当国家对其承担着风险时，或者当它们有更多全球社会影响时就显得特别重要。例如在欧盟，那些受到国家补贴而为公共利益服务的公司被要求对这些活动保持会计单独立账。

（五）国有企业应按照《经合组织公司治理原则》中要求的所有事务披露重要信息，并且重点是明显关系到作为所有者的国家和普遍公众的领域

《经合组织公司治理原则》描述了对于一个公众公司什么是应该披露的主要内容。国有企业至少应该遵守这些要求，包括财务和经营成果、薪酬政策、关联交易、治理结构和治理政策。国有企业应该披露它们是否遵从公司治理的任何准则，如果遵从的话，指出是哪一个。关于董事会成员和主要执行人员的薪酬，看来以基于个人的情况进行披露被视为良好的做法。信息应该包括对责任终止和退休的规定，以及任何特殊的便利或给董事会成员提供的实物报酬。在下列方面国有企业应该特别警惕和增加透明度。

这些信息的举例包括：

1. 向公众提供一个关于公司目标及其实现情况的清晰声明

每个国有企业都清楚其总体目标是很重要的。不论现有的业绩监控系统如何，应该将一套有限的基本总体目标与企业如何处理在可能有冲突的目标之间进行权衡的信息结合在一起考虑。

当国家是一个占多数股权的股东或者有效地控制着国有企业时，应该向所有其他投资者、市场和普通民众说明公司目标。这种披露的义务将鼓励公司的管理人员自己澄清他们的目标，并且也能增强管理层在推行这些目标时所做的承诺。它将为所有股东、市场和普通民众在考虑由管理层采取的战略和决策时提供一个参考。

国有企业应报告它们是如何通过披露主要业绩指标来实现其目标的。当国有企业还被用于公共政策目标，例如普遍服务义务时，还应报告这些目标是如何实现的。

2. 公司的所有权和选举权结构

国有企业的所有权和选举权结构的透明是重要的，这样所有股东对他们的现金流量份额和投票权会有一个清楚的理解。还应该明确谁持有国有股份的法定所有权和行使国家所有权的职责在哪儿。任何可能扭曲国有企业的所有权或控制结构的特殊权利或者协议，例如黄金股和否决权都应该予以披露。

3. 任何重大风险因素以及处理这些风险所采取的措施

当国有企业着手于雄心勃勃的战略而没有清楚地鉴别、评估或按时报告相关的风险时，就会发生严重的困难。当国有企业经营于新近解除管制和日益国际化的行业，它们正面临一系列新的风险，例如政治、运营或者汇率风险时，披露重要的风险因素尤其重要。没有充分的重要风险因素的报告，国有企业就可能对它们的财务状况和总体业绩提供一个错误的陈述，这可能从而导致不适当的战略决策和意外的财务损失。

国有企业适当披露在它们的经营过程中发生的风险的性质和程度，需要建立健全内部风险管理制度，用于鉴别、管理、控制和报告有关风险的情况。国有企业应该按照新的和逐步形成的标准进行报告，并且披露全部资产负债表外的资产和负债。这样报告在适当的时候应能覆盖风险管理策略和作为一个系统付诸实施。采掘行业的公司在这方面应该按照最佳做法披露它们的储备，这可能对它们价值和风险状况是一个的关键的因素。

公私合营（Public Private Partnerships）也应该予以充分披露。这样的共担风险经常以在公共和私人合伙人之间为公共服务或公共基础设施的供应而转移风险、资源和回报为特点，并可能从而引起新的和特别重大的风险。

4. 收到任何来自国家和以国有企业名义承诺的财务扶持，包括

担保

为了对国有企业的财务状况有一个公平和完整的描绘，对国家和国有企业之间在相互义务、财务援助或风险分担机制上的详细情况作出适当的披露是必要的。披露应该包括国有企业收到国家的任何拨款或补贴，国家为国有企业经营提供的任何担保，以及国家同意以国有企业名义所做的任何承诺。对担保的披露可以由国有企业自己或者由国家来做。为了尊重预算规程，可以考虑由国会监督国家担保是良好的做法。

5. 与相关实体的任何重大交易

在国有企业和相关实体之间的交易，例如一个国有企业向另一个国有企业的权益投资，可能是一个潜在滥用资金的来源，因而应该予以披露。与相关实体交易的报告应该有必要提供评价这些交易的公正性和适当性的所有信息。

经济合作与发展组织：《国有企业公司治理指引》，中国财政经济出版社 2008年版。

附录二 范例：××上市公司信息披露内控制度

1 总则

1.1 根据中国证券监督管理委员会有关上市公司信息披露的要求和《上市公司治理准则》《深圳证券交易所股票上市规则》，以及《公司章程》规定，为规范公司信息披露行为，确保信息真实、准确、完整、及时，特制定本制度。

1.2 本制度所指信息主要包括：

1.2.1 公司依法公开对外发布的定期报告，包括季度报告、半年度报告、年度报告；

1.2.2 公司依法公开对外发布的临时报告，包括股东大会决议公告、董事会决议公告、监事会决议公告、收购出售资产公告、关联交易公告、补充公告、整改公告和其他重大事项公告等以及深圳证券交易所认为需要披露的其他事项；

1.2.3 公司发行新股刊登的招股说明书、配股刊登的配股说明书、股票上市公告书和发行可转债公告书；

1.2.4 公司向中国证券监督管理委员会、中国证监会南京特派办、深圳证券交易所、无锡市国有资产管理办公室、无锡市上市公司办公室或其他有关政府部门报送的可能对公司股票价格产生重大影响的报告、请示等文件；

1.2.5 新闻媒体关于公司重大决策和经营情况的报道。

1.3　董事会秘书是公司信息披露的具体执行人和与深圳证券交易所的指定联络人，协调和组织公司的信息披露事项，包括健全和完善信息披露制度，确保公司真实、准确、完整、及时地进行信息披露。

2　信息披露的基本原则

2.1　公司应当履行以下信息披露的基本义务：

2.1.1　公司应及时披露所有对公司股票价格可能产生重大影响的信息，并在第一时间报送深圳证券交易所；

2.1.2　在公司的信息公开披露前，本公司董事、监事、高级管理人员及其他知情人员有责任确保将该信息的知情者控制在最小范围内；

2.1.3　确保信息披露的内容真实、准确、完整、及时，没有虚假、严重误导性陈述或重大遗漏；

2.1.4　公司及其董事、监事、高级管理人员不得泄露内幕信息，不得进行内幕交易或配合他人操纵证券交易价格。

2.2　公司各部门按行业管理要求向上级主管部门报送的报表、材料等信息，相关职能部门应切实履行信息保密义务，防止在公司公开信息披露前泄露。职能部门认为报送的信息较难保密的，应同时报董事会秘书，由董事会秘书根据有关信息披露的规定决定是否向所有股东披露。

2.3　公司公开披露信息的指定报纸为：《中国证券报》《证券时报》《上海证券报》《证券日报》。指定网站为：http：//www.cninfo.com.cn。公司应公开披露的信息，如需在其他公共传媒披露的，不得先于指定报纸和指定网站，不得以新闻发布会或答记者问等形式代替公司的正式公告。

3 信息披露的审批程序

3.1 公开信息披露的内部审批程序：

3.1.1 公开信息披露的信息文稿均由董事会秘书撰稿或审核；

3.1.2 董事会秘书应按有关法律、法规和公司章程的规定，在履行法定审批程序后披露定期报告和股东大会决议、董事会会议决议、监事会会议决议；

3.1.3 董事会秘书应履行以下审批手续后方可公开披露除股东大会决议、董事会决议、监事会决议以外的临时报告：

3.1.3.1 以董事会名义发布的临时报告应提交董事长审核签字；

3.1.3.2 以监事会名义发布的临时报告应提交监事会主席审核签字；

3.1.3.3 在董事会授权范围内，总经理有权审批的经营事项需公开披露的，该事项的公告应先提交总经理审核，再提交董事长审核批准，并以公司名义发布；

3.1.3.4 董事会授权范围内，全资子公司总经理有权审批的经营事项需公开披露的，该事项的公告应先提交全资子公司总经理审核签字，再提交公司总经理审核同意，最后提交公司董事长审核批准，并以公司名义发布；

3.1.3.5 控股子公司、参股子公司的重大经营事项需公开披露的，该事项的公告应先提交公司派出的该控股公司董事长或该参股公司董事审核签字，再提交公司总经理审核同意，最后提交公司董事长审核批准，并以公司名义发布。

3.1.4 公司向中国证券监督管理委员会、中国证监会南京特派办、深圳证券交易所、无锡市国有资产管理办公室、无锡市上市公司办公室或其他有关政府部门递交的报告、请示等文件和在新闻媒体上登载的涉及公司重大决策和经济数据的宣传性信息文稿应提交公司总经理或董事长最终签发。

4　定期报告的披露

4.1　公司应按《公开发行证券公司信息披露编报规则》的内容与格式公开披露的定期报告：

4.1.1　季度报告：公司应在每个会计年度前三个月、九个月结束后的三十日内编制完成季度报告，在公司的指定报纸上刊载季度报告正文，在公司的指定网站上刊载季度报告全文（包括正文及附录），但第一季度报告的披露时间不得早于上一年度年度报告；

4.1.2　半年度报告：公司应当于每个会计年度的前六个月结束后二个月内编制完成半年度报告，在公司的指定报纸上刊登半年度报告摘要，在公司的指定网站上登载半年度报告全文；

4.1.3　年度报告：公司应当在每个会计年度结束之日起四个月内编制完成年度报告，在公司的指定报纸上披露年度报告摘要，同时在公司的指定网站上披露其全文。

5　主要临时报告的披露

5.1　应公开披露的临时报告事项

5.1.1　关联交易事项

5.1.1.1　关联交易是指公司及公司控股子公司与公司的关联人发生的转移资源或义务的事项，包括但不限于下列事项：

a. 购买或销售商品；b. 购买或销售除商品以外的其他资产；c. 提供或接受劳务；d. 代理；e. 租赁；f. 提供资金（包括以现金或实物形式）；g. 担保；h. 管理方面的合同；i. 研究与开发项目的转移；j. 许可协议；k. 赠予；l. 债务重组；m. 非货币性交易；n. 关联双方共同投资；o. 深圳证券交易所认为应当属于关联交易的其他事项。

5.1.1.2　当关联交易金额达到如下标准时应向董事会秘书及时报告：

a. 关联交易金额达到 300 万元以上时；b. 与关联人就同一标的或与同一关联人在连续 12 个月内累计达到 300 万元以上时。

5.1.1.3 公司及公司持有 50% 以上股份的控股子公司遵照上述标准执行；公司的参股公司以其交易标的乘以公司参股比例或协议分红比例后的数额对照上述标准执行。

5.1.2 重大事项

5.1.2.1 重大事项包括但不限于：

a. 收购、出售资产；b. 重大担保事项；c. 重要合同：借贷、委托经营、委托理财、赠予、承包、租赁等；d. 大额银行退票；e. 重大经营性或非经营性亏损；f. 遭受重大损失；g. 重大投资行为；h. 可能依法承担的赔偿责任；i. 重大行政处罚；j. 重大仲裁、诉讼事项。

5.1.2.2 重大事项达到或在连续 12 个月内累计达到如下标准时应及时向董事会秘书报告：

a. 所涉资产总额占公司最近一期经审计的总资产值的 10% 以上；

b. 发生的净利润或亏损的绝对值（按上年度经审计的财务报告）占公司最近一期经审计的上一一年度净利润或亏损绝对值的 10% 以上，且绝对金额在 100 万元以上；

c. 所涉交易金额（承担债务、费用等一并计算）占公司最近一期经审计的净资产总额 10% 以上。

5.1.2.3 公司及公司持有 50% 以上股份的控股子公司遵照上述标准执行；公司参股子公司按所涉金额乘以参股比例后的数额对照上述标准执行。

5.1.3 其他重要事项

5.1.3.1 其他重要事项包括但不限于：

a. 公司章程、注册地址、注册资本、名称的变更；

b. 经营范围的重大变化；

c. 订立上述 5.1.2.1.c 项以外的重要合同；

d. 发生重大债务或未清偿到期债务；

e. 变更募集资金投资项目；

f. 直接或间接持有另一上市公司发行在外的普通股 5% 以上；

g. 持有公司 5% 以上股份的股东，其持有的股份增减变化达到 5% 以上；

h. 公司第一大股东发生变更；

i. 公司董事长、三分之一董事或总经理发生变动；

j. 生产经营环境发生重要变化，包括全部或主要业务停顿、生产资料采购、产品销售方式或渠道发生重大变化；

k. 减资、合并、分立、解散或申请破产的决定；

l. 新的法律、法规、规章、政策可能对公司的经营产生显著影响；

m. 更换为公司审计的会计师事务所；

n. 股东大会、董事会决议依法被法院撤销；

o. 法院裁定禁止对公司有控制权股东转让其所持上市公司股票；

p. 持有公司 5% 以上股份的股东所持股份被质押；

q. 公司进入破产、清算状态；

r. 公司预计出现资不抵债；

s. 获悉主要债务人出现资不抵债或进入破产程序，公司对相应的债权未提取足额坏账准备的；

t. 因涉嫌违反证券法规被中国证监会调查或正受到中国证监会处罚的（公司就违规事项公告时，应当事先报告中国证监会）；

u. 接受证券监管部门专项检查和巡回检查后的整改方案；

v. 董事会预计公司业绩与其披露过的盈利预测有重大差异时，而且导致该差异的因素尚未披露的；

w. 公司股票交易发生异常波动时；

x. 在任何公共传播媒介中出现的消息可能对公司股票的市场价格产生误导性影响时；

5.1.3.2　公司发生以上其他重大事项时，公司持有 50% 以上股份的控股子公司发生以上 c、d、f、j、k、g、r、s 事项时，应及时报告董事会秘书。

6 责任与处罚

6.1 公司有关部门应当向董事会秘书提供信息披露所需的资料和信息。公司作出重大决定之前，应从信息披露角度征询董事会秘书意见。

6.2 公司各部门（包括各分公司）、各子公司发生符合本制度第九条规定事项时，需按以下时点及时向董事会秘书报告，董事会秘书按照《深圳证券交易所股票上市规则》的有关规定，及时公开披露：

6.2.1 事项发生后的第一时间；

6.2.2 公司与有关当事人有实质性的接触，或该事项有实质性进展时；

6.2.3 公司与有关当事人签署协议时，或该协议发生重大变更、中止或者解除、终止时；

6.2.4 事项获有关部门批准或已披露的事项被有关部门否决时；

6.2.5 事项实施完毕时。

6.3 公司各部门（包括各分公司）、各子公司在报告本制度第九条规定事项时，应附上以下文件：

6.3.1 所涉事项的协议书；

6.3.2 董事会决议（或有权决定的有关书面文件）；

6.3.3 所涉事项的政府批文；

6.3.4 所涉资产的财务报表；

6.3.5 中介机构对所涉资产的意见书（评估报告或审计报告）。

6.4 公司本部各部门（包括各分公司）、各子公司当发生符合本制度第九条规定事项时，应在规定时间内及时报告董事会秘书，同时提供相关材料。

6.5 公司本部各部门（包括各分公司）、各子公司按公开信息披露要求所提供的经营、财务等信息应按公司制度履行相应的审批手续，确保信息的真实性、准确性和完整性。

6.6　公司各部门由部门负责人负责信息披露工作，全资子公司、控股子公司应指定专人负责信息披露工作，参股子公司的有关信息披露工作归由公司投资部门负责。

6.7　公司各部门（包括各分公司）、各子公司发生本制度第九条规定事项而未报告的，造成公司信息披露不及时而出现重大错误或疏漏，给公司或投资者造成损失的，公司将对相关的责任人给予行政及经济处分。

6.8　凡违反本制度擅自披露信息的，公司将对相关的责任人按泄露公司机密给予行政及经济处分，并且有权视情形追究相关责任人的法律责任。

6.9　信息披露不准确给公司或投资者造成损失的，公司将对相关的审核责任人给予行政及经济处分，并且有权视情形追究相关责任人的法律责任。不能查明造成错误的原因，则由所有审核人承担连带责任。

6.10　全资子公司、控股子公司指定的信息披露负责人应是有能力组织完成信息披露的人员，信息披露负责人的名单及其通信方式应报公司董事会秘书；若信息披露负责人变更的，应于变更后的 2 个工作日内报公司董事会秘书。

7　附则

7.1　本制度未尽事宜，遵照现行《股票上市规则》及有关上市公司信息披露的法律、法规的规定执行。

7.2　本制度所称"以上"含本数。

7.3　本制度由公司董事会负责解释。

7.4　本制度经公司董事会审议批准后生效，修改时亦同。

附录三 监察部、国家经济贸易委员会、全国总工会关于印发《关于国有企业实行业务招待费使用情况向职代会报告制度的规定》的通知

监发［1995］3 号

各省、自治区、直辖市人民政府，国务院各部委、各直属机构：

《关于国有企业实行业务招待费使用情况向职代会报告制度的规定》，已经中央同意，现印发给你们，请结合各地、各部门的实际情况，认真组织落实。

附：《关于国有企业实行业务招待费使用情况向职代会报告制度的规定》

监察部

国家经贸委

全国总工会

一九九五年五月十七日

第一条 为保障企业改革、开放和经济发展，加强企业管理和民主监督，保持企业领导干部清正廉洁，制定本规定。

第二条 本规定所称业务招待费，是指企业在经营管理等活动中用于接待应酬的各种费用。

第三条　企业使用业务招待费应当加强管理，勤俭节约，反对铺张浪费，严格遵守财务制度和财经纪律。

第四条　企业厂长（经理）应当每半年一次向职代会据实报告业务招待费使用情况，并由职代会向职工传达。

第五条　报告内容主要包括：业务招待费支出项目、金额，开支是否符合制度、使用是否合理、手续是否完备以及其他需要说明的情况。

第六条　对于不按期或者不据实报告的，由企业主管部门或者有关部门督促改正；情节严重的，给予批评教育以至纪律处分。

第七条　企业党组织、企业主管部门和监察机关按照职责权限负责对本规定的执行情况进行监督检查。

第八条　企业主管部门可根据本规定，结合本行业、本地区的实际，制定实施办法。

第九条　本规定由监察部负责解释。

第十条　本规定自发布之日起施行。

附录四 《关于在国有企业、集体企业及其控股企业深入实行厂务公开制度的通知》

中办发〔2002〕13 号

各省、自治区、直辖市党委和人民政府，中央和国家机关各部委，军委总政治部，各人民团体：

党的十五大以来，不少地方和企业在推行厂务公开方面积极实践，取得了明显成效和成功经验。为了更好地扩大基层民主、保证人民群众直接行使民主权利，实践江泽民同志"三个代表"重要思想，落实全心全意依靠工人阶级的指导方针，巩固、深化和规范厂务公开工作，促进企业的改革、发展和稳定，经党中央、国务院领导同志同意，现就在全国国有企业、集体企业及其控股企业深入实行厂务公开制度的有关问题通知如下：

一 厂务公开的重要意义、指导原则和总体要求

广大职工依照有关法律和规定参与企业的民主决策、民主管理、民主监督，是我国企业管理的重要特色和优势。党的十五大特别是十五届四中全会以来，一批企业通过实行厂务公开，加强了企业的管理和改革，完善了职工代表大会制度，促进了基层民主政治建设，提高了企业经济效益。实践证明，实行厂务公开是实践"三个代表"重要思想的具体体现，是进一步落实党的全心全意依靠工人阶级指导方

针的有效途径；是加强企业管理，建立现代企业制度，依靠职工办好企业的内在要求；是搞好群众监督，促进党风廉政建设，加强企业党组织建设、领导班子建设的有力手段。实行厂务公开，对于推进基层民主政治建设，保障和落实职工当家作主的民主权利；维护职工合法权益，建立企业稳定协调的劳动关系；密切党与企业职工群众的关系，巩固党的阶级基础和执政地位；保护、调动和发挥广大职工的主人翁积极性，增强其责任感，促进企业的改革、发展和稳定，具有重要的意义和作用。

实行厂务公开的指导原则是：

——必须坚持以邓小平理论为指导，按照"三个代表"的要求，认真贯彻党的十五大和十五届四中、五中、六中全会精神，坚定不移地贯彻落实党的全心全意依靠工人阶级的指导方针。

——必须遵循国家法律、法规和党的方针政策，实事求是、注重实效、有利于改革发展稳定和保护商业秘密。

——必须坚持党委统一领导，党政共同负责，有关方面齐抓共管，动员职工广泛参与。

——必须与企业党的建设、领导班子建设、职工队伍建设结合起来，与建立现代企业制度结合起来。

实行厂务公开的总体要求是：

1. 国有企业、集体企业及其控股的企业都要实行厂务公开。目前还没有实行的单位应尽快实行；已经实行的，要进一步深化，逐步使其内容、程序、形式规范化、制度化。特别是生产经营困难的企业更应当实行厂务公开，动员和依靠职工群众与经营者共同把企业搞好。

2. 在厂务公开工作中，要切实做好企业领导人员和职工的思想工作。企业领导人员要提高认识，自觉地把厂务公开摆到重要工作位置，纳入现代企业管理的体制、机制和制度之中。要鼓励职工积极参与厂务公开活动，支持和监督企业经营者依法行使职权，认真行使当家作主的民主权利。要加强对职工代表的培训，不断提高他们参与民主决策、民主管理和民主监督的意识和能力。

3. 在厂务公开工作中必须坚决防止和克服形式主义，保证公开的真实性，务求工作实效。要切实做到企业重大决策必须通过厂务公开听取职工意见，并提交职代会审议，未经职代会审议的不应实施；涉及职工切身利益的重大事项，更应向职工公开，职代会按照法律法规规定具有决定权和否决权，既未公开又未经职代会通过的有关决定视为无效；在国有和国有控股企业，经职代会民主评议和民主测评，大多数职工不拥护的企业领导人员，其上级管理部门应采取相应的组织措施；企业领导人员违反职代会决议和厂务公开的有关规定，导致矛盾激化，影响企业和社会稳定的，要实行责任追究。

二　厂务公开的主要内容

1. 企业重大决策问题。主要包括企业中长期发展规划，投资和生产经营重大决策方案，企业改革、改制方案，兼并、破产方案，重大技术改造方案，职工裁员、分流、安置方案等重大事项。

2. 企业生产经营管理方面的重要问题。主要包括年度生产经营目标及完成情况，财务预决算，企业担保，大额资金使用，工程建设项目的招投标，大宗物资采购供应，产品销售和盈亏情况，承包租赁合同执行情况，企业内部经济责任制落实情况，重要规章制度的制定等。

3. 涉及职工切身利益方面的问题。主要包括劳动法律法规的执行情况，集体合同、劳动合同的签订和履行，职工提薪晋级、工资奖金分配、奖罚与福利，职工养老、医疗、工伤、失业、生育等社会保障基金缴纳情况，职工招聘，专业技术职称的评聘，评优选先的条件、数量和结果，职工购房、售房的政策和住房公积金管理以及企业公积金和公益金的使用方案，安全生产和劳动保护措施，职工培训计划等。

4. 与企业领导班子建设和党风廉政建设密切相关的问题。主要包括民主评议企业领导人员情况，企业中层领导人员、重要岗位人员的选聘和任用情况，干部廉洁自律规定执行情况，企业业务招待费使用情况，企业领导人员工资（年薪）、奖金、兼职、补贴、住房、用车、通信工具使用情况，以及出国出境费用支出情况等。

厂务公开的内容应根据企业的实际情况有所侧重。既要公开有关政策依据和本单位的有关规定，又要公开具体内容、标准和承办部门；既要公开办事结果，又要公开办事程序；既要公开职工的意见和建议，又要公开职工意见和建议的处理情况，使厂务公开始终在职工的广泛参与和监督下进行。要密切结合企业改革和发展的实际，及时引导厂务公开不断向企业生产经营管理的深度和广度延伸，推动企业不断健全和完善管理制度、党风廉政建设制度和职工民主管理制度。

三　厂务公开的实现形式

厂务公开的主要载体是职工代表大会。要按照有关规定，认真落实职代会的各项职权。要通过实行厂务公开，进一步完善职代会民主评议企业领导人员制度，坚持集体合同草案提交职代会讨论通过，企业业务招待费使用情况、企业领导人员廉洁自律情况、集体合同履行情况等企业重要事项向职代会报告制度，国有及国有控股的公司制企业由职代会选举职工董事、职工监事制度等，不断充实和丰富职代会的内容，提高职代会的质量和实效，落实好职工群众的知情权、审议权、通过权、决定权和评议监督权，建立符合现代企业制度要求的民主管理制度。

在职代会闭会期间，要发挥职工代表团（组）长联席会议的作用。车间、班组的内部事务也要实行公开。应依照厂务公开的规定，制定车间、班组内部事务公开的实施办法。

厂务公开的日常形式还应包括厂务公开栏、厂情发布会、党政工联席会和企业内部信息网络、广播、电视、厂报、墙报等，并可根据实际情况不断创新。同时，在公开后应注意通过意见箱、接待日、职工座谈会、举报电话等形式，了解职工的反映，不断改进工作。

四 厂务公开的组织领导

各级党委、政府及有关部门和工会组织，要充分认识实行厂务公开的重要意义，切实把这项工作摆上重要议事日程，明确目标，落实责任，有组织、有计划、有步骤地推动厂务公开工作深入健康发展。各级纪检监察机关要加强对推行厂务公开工作的监督检查，对在厂务公开中暴露出来的违法违纪问题要严肃查处。各级党委组织部门要把推行厂务公开作为企业党建工作的重要内容，将实施情况作为考核企业领导班子和领导人员的重要依据，并与奖惩任免挂钩。各级经贸委要把推行厂务公开与加强企业管理和建立现代企业制度有机结合起来，切实加以推进。各级地方工会要积极主动地承担起推行厂务公开的日常工作，并以此促进企业民主管理和工会工作。

企业实行厂务公开要在企业党委领导下进行。企业行政是实行厂务公开的主体。企业要建立由党委、行政、纪委、工会负责人组成的厂务公开领导小组，负责制定厂务公开的实施意见，审定重大公开事项，指导协调有关部门研究解决实施中的问题，做好督导考核工作，建立责任制和责任追究制度。企业工会是厂务公开领导小组的工作机构，负责日常工作。

企业应成立由纪检、工会有关人员和职工代表组成的监督小组，负责监督检查厂务公开内容是否真实、全面，公开是否及时，程序是否符合规定，职工反映的意见是否得到落实，并组织职工对厂务公开工作进行评议和监督。要制定厂务公开的监督监查检查办法，形成制约和激励机制。

国有、集体及其控股企业以外的其他企业，可依照法律规定，采取与本单位相适应的形式实行厂务公开，推进民主管理工作。

本通知原则上适用于教育、科技、文化、卫生、体育等事业单位。

　　各地区、各单位要根据本通知的要求，结合各自的实际情况，制定具体的实施意见的办法。

中共中央办公厅

国务院办公厅

二〇〇二年六月三日

附录五　关于印发《国务院国有资产监督管理委员会国有资产监督管理信息公开实施办法》的通知

国资发〔2009〕18号

各省、自治区、直辖市及计划单列市和新疆生产建设兵团国资委，各中央企业，委内各厅局、直属单位、直管协会：

为了提高国务院国有资产监督管理委员会工作的透明度，促进依法履行出资人职责，充分发挥国有资产监督管理信息对人民群众生产、生活和经济社会活动的服务作用，依据《中华人民共和国企业国有资产法》、《企业国有资产监督管理暂行条例》和《中华人民共和国政府信息公开条例》，我们制定了《国务院国有资产监督管理委员会国有资产监督管理信息公开实施办法》，现印发给你们，请遵照执行。

国务院国有资产监督管理委员会

二〇〇九年二月五日

附：《国务院国有资产监督管理委员会国有资产监督管理信息公开实行办法》

第一章　总则

第一条　为了提高国务院国有资产监督管理委员会（以下简称国资委）工作的透明度，促进国资委根据授权依法履行出资人职责，充分发挥国有资产监督管理信息（以下简称国资监管信息）对人民群众生产、生活和经济社会活动的服务作用，依据《中华人民共和国企业国有资产法》、《企业国有资产监督管理暂行条例》和《中华人民共和国政府信息公开条例》（以下简称《条例》），制定本办法。

第二条　本办法适用于国资委在根据授权依法履行出资人职责过程中，依据法律、行政法规和国家有关规定，向公民、法人和其他组织公开相关国资监管信息的活动。

本办法所称国资监管信息，是指国资委代表国务院对其授权的国家出资企业（以下简称所出资企业）在依法履行出资人职责的过程中制作或者获取的，以一定形式记录、保存的信息。

第三条　按照《条例》的有关要求，国资委成立信息公开工作领导小组，负责推进、指导、协调、监督国资委信息公开工作，研究解决信息公开工作中的重大问题。领导小组下设办公室（设在办公厅），承担领导小组的日常工作。领导小组及办公室（以下称国资委信息公开工作机构）的具体职责另行制订。

第四条　国资委信息公开工作坚持依法、公正、公平、准确、及时、便民的原则。公开的信息不得危及国家安全、公共安全、经济安全和社会稳定，不得侵犯企业的合法权益和商业秘密。

第五条　国资委发布信息涉及其他部门或者企业的，应当与有关部门或者企业及时沟通、确认。

第二章　公开的范围

第六条　国资委公开国资监管信息的形式，分为主动公开和依申请公开。

第七条　国资委应当主动向公民、法人和其他组织公开以下信息：

（一）国资委主要职责、内设机构、办事程序；

（二）国资委制定的规章和规范性文件；

（三）国资委拟发布需征求意见的规章和规范性文件；

（四）国资委指导推进国有企业改革重组、建立现代企业制度和所出资企业董事会试点、法制建设、履行社会责任、节能减排、安全生产等有关工作情况；

（五）国资委代表国务院向所出资企业派出监事会有关情况；

（六）所出资企业生产经营总体情况；

（七）所出资企业国有资产有关统计信息；

（八）所出资企业国有资产保值增值、经营业绩考核总体情况；

（九）所出资企业负责人职务变动及公开招聘有关情况；

（十）突发性事件的处置情况；

（十一）国资委公务员考试录用的条件、程序、结果；

（十二）国资委工作人员廉洁自律有关规定；

（十三）国资委办公地址、总机电话；

（十四）投诉、举报、信访途径；

（十五）国资委职责范围内的其他应当依法主动向公民、法人和其他组织公开的信息。

国资委不得公开涉及国家秘密、商业秘密、个人隐私的信息。已经解密的国资监管信息，属于主动公开范围的，应当及时公开。

第八条　除本办法第七条规定的主动公开的信息外，公民、法人或者其他组织可根据自身生产、生活、科研等特殊需要，向国资委申请获取相关可以公开的国资监管信息。

第九条　发现虚假或者不完整反映国有资产监管信息的，应当在职责范围内及时发布准确信息予以澄清。

第三章　公开的方式和程序

第十条　国资委主动公开的国资监管信息，通过下列途径公开：

（一）《国务院国有资产监督管理委员会公告》；

（二）国资委网站；

（三）新闻媒体；

（四）国有资产监督管理政策法规汇编；

（五）国资委规定的其他公开方式。

第十一条　信息公开前，应当依照《中华人民共和国保守国家秘密法》等法律法规以及国资委有关保密规定，对拟公开的信息进行审查。不能确定信息是否可以公开时，应当依照法律、行政法规和国家有关规定报有关主管部门或者同级保密工作部门确定。

第十二条　国资委机关应当根据需要设立公共查阅室、资料索取点等场所、设施，为公民、法人和其他组织获取国资委国资监管信息提供方便。

国资委信息公开工作机构应当按照国家相关规定，及时向国家档案馆、公共图书馆提供主动公开的国资监管信息。

第十三条　拟主动公开的国资监管信息，应当履行一定的审批程序；对依照国家有关规定需要批准的，未经批准不得发布。

第十四条　属于主动公开范围的国资监管信息，一般应当自该信息形成或者变更之日起 20 个工作日内予以公开。法律、行政法规对国资监管信息公开的期限另有规定的，从其规定。

第十五条　国资委信息公开工作机构组织编制、定期更新适用本办法的国资委信息公开目录和指南。

国资委信息公开指南，包括国资监管信息的分类、编排体系、获取方式，国资委信息公开工作机构的名称、办公地址、办公时间、联系电话、传真号码、电子邮箱等内容。

国资委信息公开目录，包括国资监管信息的索引、名称、内容概述、生成日期等内容。

第十六条　公民、法人或者其他组织依照本办法第八条规定向国资委申请获取国资监管信息的，应当填写《获取国资监管信息申请表》，通过信函、传真、电子邮件等方式提交；采用书面形式确有困难的，申请人可以口头提出，由受理该申请的机构代为填写。

国资监管信息公开申请应当包括下列内容：

（一）申请人的姓名或者名称、联系方式；

（二）申请公开的国资监管信息的内容描述；

（三）申请公开的国资监管信息的形式要求。

第十七条　国资委信息公开工作机构统一受理国资监管信息公开申请，并根据下列情况分别作出答复：

（一）属于公开范围的，应当告知申请人获取该信息的方式和途径；

（二）属于不予公开范围的，应当告知申请人并说明理由；

（三）申请内容不明确的，应当告知申请人予以明确；

（四）依法不属于国资委公开或者该信息不存在的，应当告知申请人；对能够确定该信息的公开机关的，应当告知申请人该行政机关的名称、联系方式。

第十八条　申请公开的国资监管信息中含有不应当公开的内容，但是能作区分处理的，应当向申请人提供可以公开的信息内容。

第十九条　申请公开的国资监管信息涉及商业秘密、个人隐私，公开后可能损害第三方合法权益的，应当书面征求第三方的意见；第三方不同意公开的，不得公开。但是，不公开可能对公共利益造成重大影响的，应当予以公开，并将决定公开的信息内容和理由书面通知第三方。

第二十条　收到国资监管信息公开申请，国资委信息公开工作机构应当自收到申请之日起 15 个工作日内予以答复；如需延长答复期限的，应当经国资委信息公开工作机构负责人同意，并告知申请人，延长期限最长不超过 15 个工作日。申请公开的国资监管信息涉及第三方权益的，征求第三方意见所需时间不计算在规定期限内。

第二十一条　国资委依申请提供有关国资监管信息，除可以收取检索、复制、邮寄等成本费用外，不得收取其他费用。收费标准严格按照国家有关规定执行。申请公开国资监管信息的公民确有经济困难的，经本人申请，国资委信息公开工作机构审核同意，可以减免相关费用。

第四章　监督和保障

第二十二条　信息公开工作所需经费应当纳入年度预算，实行专项管理，保障国资监管信息公开工作的顺利开展。

第二十三条　国资委信息公开工作机构负责编写国资监管信息公开工作年度报告，并在每年 3 月 31 日前公布。

第二十四条　建立国资监管信息公开工作考核制度、社会评议制度和责任追究制度，定期对信息公开工作进行考核、评议。

第二十五条　国资监管信息公开工作主动接受社会公众的监督、评议，对信息公开工作中存在的问题应当认真整改。

第二十六条　国资委指导地方国有资产监管信息公开工作。

第二十七条　国资委相关部门违反《条例》和本办法规定，有下列情形之一的，由驻国资委监察局责令改正；情节严重的，对负有直接责任的主管人员和其他直接责任人员依法给予行政处分：

（一）不依法履行信息公开义务；

（二）未按规定及时更新信息内容、信息公开指南和信息公开目录；

（三）在公开信息过程中违反规定收取费用；

（四）公开不应当公开的信息；

（五）违反《条例》和本办法规定的其他行为。

第五章　附则

第二十八条　本办法由国资委办公厅负责解释。

第二十九条　地方国有资产监督管理机构可以参照本办法，并根据实际情况，制订具体规定。

第三十条　本办法自公布之日起施行。

附录六 《企业财务会计报告条例》

中华人民共和国国务院令　　第 287 号

现公布《企业财务会计报告条例》，自 2001 年 1 月 1 日起施行。

总理　朱镕基

二〇〇〇年六月二十一日

第一章　总则

第一条　为了规范企业财务会计报告，保证财务会计报告的真实、完整，根据《中华人民共和国会计法》，制定本条例。

第二条　企业（包括公司，下同）编制和对外提供财务会计报告，应当遵守本条例。

本条例所称财务会计报告，是指企业对外提供的反映企业某一特定日期财务状况和某一会计期间经营成果、现金流量的文件。

第三条　企业不得编制和对外提供虚假的或者隐瞒重要事实的财务会计报告。

企业负责人对本企业财务会计报告的真实性、完整性负责。

第四条　任何组织或者个人不得授意、指使、强令企业编制和对外提供虚假的或者隐瞒重要事实的财务会计报告。

第五条　注册会计师、会计师事务所审计企业财务会计报告，应当依照有关法律、行政法规以及注册会计师执业规则的规定进行，并对所出具的审计报告负责。

第二章 财务会计报告的构成

第六条 财务会计报告分为年度、半年度、季度和月度财务会计报告。

第七条 年度、半年度财务会计报告应当包括：

（一）会计报表；

（二）会计报表附注；

（三）财务情况说明书。

会计报表应当包括资产负债表、利润表、现金流量表及相关附表。

第八条 季度、月度财务会计报告通常仅指会计报表，会计报表至少应当包括资产负债表和利润表。国家统一的会计制度规定季度、月度财务会计报告需要编制会计报表附注的，从其规定。

第九条 资产负债表是反映企业在某一特定日期财务状况的报表。资产负债表应当按照资产、负债和所有者权益（或者股东权益，下同）分类分项列示。其中，资产、负债和所有者权益的定义及列示应当遵循下列规定：

（一）资产，是指过去的交易、事项形成并由企业拥有或者控制的资源，该资源预期会给企业带来经济利益。在资产负债表上，资产应当按照其流动性分类分项列示，包括流动资产、长期投资、固定资产、无形资产及其他资产。银行、保险公司和非银行金融机构的各项资产有特殊性的，按照其性质分类分项列示。

（二）负债，是指过去的交易、事项形成的现时义务，履行该义务预期会导致经济利益流出企业。在资产负债表上，负债应当按照其流动性分类分项列示，包括流动负债、长期负债等。银行、保险公司和非银行金融机构的各项负债有特殊性的，按照其性质分类分项列示。

（三）所有者权益，是指所有者在企业资产中享有的经济利益，其金额为资产减去负债后的余额。在资产负债表上，所有者权益应当按照实收资本（或者股本）、资本公积、盈余公积、未分配利润等项目分项列示。

第十条 利润表是反映企业在一定会计期间经营成果的报表。利润表应当按照各项收入、费用以及构成利润的各个项目分类分项列示。其中，收入、费用和利润的定义及列示应当遵循下列规定：

（一）收入，是指企业在销售商品、提供劳务及让渡资产使用权等日常活动中所形成的经济利益的总流入。收入不包括为第三方或者客户代收的款项。在利润表上，收入应当按照其重要性分项列示。

（二）费用，是指企业为销售商品、提供劳务等日常活动所发生的经济利益的流出。在利润表上，费用应当按照其性质分项列示。

（三）利润，是指企业在一定会计期间的经营成果。在利润表上，利润应当按照营业利润、利润总额和净利润等利润的构成分类分项列示。

第十一条 现金流量表是反映企业一定会计期间现金和现金等价物（以下简称现金）流入和流出的报表。现金流量表应当按照经营活动、投资活动和筹资活动的现金流量分类分项列示。其中，经营活动、投资活动和筹资活动的定义及列示应当遵循下列规定：

（一）经营活动，是指企业投资活动和筹资活动以外的所有交易和事项。在现金流量表上，经营活动的现金流量应当按照其经营活动的现金流入和流出的性质分项列示；银行、保险公司和非银行金融机构的经营活动按照其经营活动特点分项列示。

（二）投资活动，是指企业长期资产的购建和不包括在现金等价物范围内的投资及其处置活动。在现金流量表上，投资活动的现金流量应当按照其投资活动的现金流入和流出的性质分项列示。

（三）筹资活动，是指导致企业资本及债务规模和构成发生变化的活动。在现金流量表上，筹资活动的现金流量应当按照其筹资活动的现金流入和流出的性质分项列示。

第十二条 相关附表是反映企业财务状况、经营成果和现金流量的补充报表，主要包括利润分配表以及国家统一的会计制度规定的其他附表。

利润分配表是反映企业一定会计期间对实现净利润以及以前年度未分配利润的分配或者亏损弥补的报表。利润分配表应当按照利润分配各个项目分类分项列示。

第十三条 年度、半年度会计报表至少应当反映两个年度或者相关两个期间的比较数据。

第十四条 会计报表附注是为便于会计报表使用者理解会计报表的内容而对会计报表的编制基础、编制依据、编制原则和方法及主要项目等所作的解释。会计报表附注至少应当包括下列内容：

（一）不符合基本会计假设的说明；

（二）重要会计政策和会计估计及其变更情况、变更原因及其对财务状况和经营成果的影响；

（三）或有事项和资产负债表日后事项的说明；

（四）关联方关系及其交易的说明；

（五）重要资产转让及其出售情况；

（六）企业合并、分立；

（七）重大投资、融资活动；

（八）会计报表中重要项目的明细资料；

（九）有助于理解和分析会计报表需要说明的其他事项。

第十五条 财务情况说明书至少应当对下列情况作出说明：

（一）企业生产经营的基本情况；

（二）利润实现和分配情况；

（三）资金增减和周转情况；

（四）对企业财务状况、经营成果和现金流量有重大影响的其他事项。

第三章 财务会计报告的编制

第十六条   企业应当于年度终了编报年度财务会计报告。国家统一的会计制度规定企业应当编报半年度、季度和月度财务会计报告的,从其规定。

第十七条   企业编制财务会计报告,应当根据真实的交易、事项以及完整、准确的账簿记录等资料,并按照国家统一的会计制度规定的编制基础、编制依据、编制原则和方法。

企业不得违反本条例和国家统一的会计制度规定,随意改变财务会计报告的编制基础、编制依据、编制原则和方法。

任何组织或者个人不得授意、指使、强令企业违反本条例和国家统一的会计制度规定,改变财务会计报告的编制基础、编制依据、编制原则和方法。

第十八条   企业应当依照本条例和国家统一的会计制度规定,对会计报表中各项会计要素进行合理的确认和计量,不得随意改变会计要素的确认和计量标准。

第十九条   企业应当依照有关法律、行政法规和本条例规定的结账日进行结账,不得提前或者延迟。年度结账日为公历年度每年的12月31日;半年度、季度、月度结账日分别为公历年度每半年、每季、每月的最后一天。

第二十条   企业在编制年度财务会计报告前,应当按照下列规定,全面清查资产、核实债务:

(一)结算款项,包括应收款项、应付款项、应交税金等是否存在,与债务、债权单位的相应债务、债权金额是否一致;

(二)原材料、在产品、自制半成品、库存商品等各项存货的实存数量与账面数量是否一致,是否有报废损失和积压物资等;

(三)各项投资是否存在,投资收益是否按照国家统一的会计制度规定进行确认和计量;

（四）房屋建筑物、机器设备、运输工具等各项固定资产的实存数量与账面数量是否一致；

（五）在建工程的实际发生额与账面记录是否一致；

（六）需要清查、核实的其他内容。

企业通过前款规定的清查、核实，查明财产物资的实存数量与账面数量是否一致、各项结算款项的拖欠情况及其原因、材料物资的实际储备情况、各项投资是否达到预期目的、固定资产的使用情况及其完好程度等。企业清查、核实后，应当将清查、核实的结果及其处理办法向企业的董事会或者相应机构报告，并根据国家统一的会计制度的规定进行相应的会计处理。

企业应当在年度中间根据具体情况，对各项财产物资和结算款项进行重点抽查、轮流清查或者定期清查。

第二十一条 企业在编制财务会计报告前，除应当全面清查资产、核实债务外，还应当完成下列工作：

（一）核对各会计账簿记录与会计凭证的内容、金额等是否一致，记账方向是否相符；

（二）依照本条例规定的结账日进行结账，结出有关会计账簿的余额和发生额，并核对各会计账簿之间的余额；

（三）检查相关的会计核算是否按照国家统一的会计制度的规定进行；

（四）对于国家统一的会计制度没有规定统一核算方法的交易、事项，检查其是否按照会计核算的一般原则进行确认和计量以及相关账务处理是否合理；

（五）检查是否存在因会计差错、会计政策变更等原因需要调整前期或者本期相关项目。

在前款规定工作中发现问题的，应当按照国家统一的会计制度的规定进行处理。

第二十二条 企业编制年度和半年度财务会计报告时，对经查实后的资产、负债有变动的，应当按照资产、负债的确认和计量标准进行确认和计量，并按照国家统一的会计制度的规定进行相应的会计处理。

第二十三条　企业应当按照国家统一的会计制度规定的会计报表格式和内容，根据登记完整、核对无误的会计账簿记录和其他有关资料编制会计报表，做到内容完整、数字真实、计算准确，不得漏报或者任意取舍。

第二十四条　会计报表之间、会计报表各项目之间，凡有对应关系的数字，应当相互一致；会计报表中本期与上期的有关数字应当相互衔接。

第二十五条　会计报表附注和财务情况说明书应当按照本条例和国家统一的会计制度的规定，对会计报表中需要说明的事项作出真实、完整、清楚的说明。

第二十六条　企业发生合并、分立情形的，应当按照国家统一的会计制度的规定编制相应的财务会计报告。

第二十七条　企业终止营业的，应当在终止营业时按照编制年度财务会计报告的要求全面清查资产、核实债务、进行结账，并编制财务会计报告；在清算期间，应当按照国家统一的会计制度的规定编制清算期间的财务会计报告。

第二十八条　按照国家统一的会计制度的规定，需要编制合并会计报表的企业集团，母公司除编制其个别会计报表外，还应当编制企业集团的合并会计报表。

企业集团合并会计报表，是指反映企业集团整体财务状况、经营成果和现金流量的会计报表。

第四章　财务会计报告的对外提供

第二十九条　对外提供的财务会计报告反映的会计信息应当真实、完整。

第三十条　企业应当依照法律、行政法规和国家统一的会计制度有关财务会计报告提供期限的规定，及时对外提供财务会计报告。

第三十一条 企业对外提供的财务会计报告应当依次编定页数，加具封面，装订成册，加盖公章。封面上应当注明：企业名称、企业统一代码、组织形式、地址、报表所属年度或者月份、报出日期，并由企业负责人和主管会计工作的负责人、会计机构负责人（会计主管人员）签名并盖章；设置总会计师的企业，还应当由总会计师签名并盖章。

第三十二条 企业应当依照企业章程的规定，向投资者提供财务会计报告。

国务院派出监事会的国有重点大型企业、国有重点金融机构和省、自治区、直辖市人民政府派出监事会的国有企业，应当依法定期向监事会提供财务会计报告。

第三十三条 有关部门或者机构依照法律、行政法规或者国务院的规定，要求企业提供部分或者全部财务会计报告及其有关数据的，应当向企业出示依据，并不得要求企业改变财务会计报告有关数据的会计口径。

第三十四条 非依照法律、行政法规或者国务院的规定，任何组织或者个人不得要求企业提供部分或者全部财务会计报告及其有关数据。

违反本条例规定，要求企业提供部分或者全部财务会计报告及其有关数据的，企业有权拒绝。

第三十五条 国有企业、国有控股的或者占主导地位的企业，应当至少每年一次向本企业的职工代表大会公布财务会计报告，并重点说明下列事项：

（一）反映与职工利益密切相关的信息，包括：管理费用的构成情况，企业管理人员工资、福利和职工工资、福利费用的发放、使用和结余情况，公益金的提取及使用情况，利润分配的情况以及其他与职工利益相关的信息；

（二）内部审计发现的问题及纠正情况；

（三）注册会计师审计的情况；

（四）国家审计机关发现的问题及纠正情况；

（五）重大的投资、融资和资产处置决策及其原因的说明；

（六）需要说明的其他重要事项。

第三十六条 企业依照本条例规定向有关各方提供的财务会计报告，其编制基础、编制依据、编制原则和方法应当一致，不得提供编制基础、编制依据、编制原则和方法不同的财务会计报告。

第三十七条 财务会计报告须经注册会计师审计的，企业应当将注册会计师及其会计师事务所出具的审计报告随同财务会计报告一并对外提供。

第三十八条 接受企业财务会计报告的组织或者个人，在企业财务会计报告未正式对外披露前，应当对其内容保密。

第五章　法律责任

第三十九条 违反本条例规定，有下列行为之一的，由县级以上人民政府财政部门责令限期改正，对企业可以处 3000 元以上 5 万元以下的罚款；对直接负责的主管人员和其他直接责任人员，可以处 2000 元以上 2 万元以下的罚款；属于国家工作人员的，并依法给予行政处分或者纪律处分：

（一）随意改变会计要素的确认和计量标准的；

（二）随意改变财务会计报告的编制基础、编制依据、编制原则和方法的；

（三）提前或者延迟结账日结账的；

（四）在编制年度财务会计报告前，未按照本条例规定全面清查资产、核实债务的；

（五）拒绝财政部门和其他有关部门对财务会计报告依法进行的监督检查，或者不如实提供有关情况的。

会计人员有前款所列行为之一，情节严重的，由县级以上人民政府财政部门吊销会计从业资格证书。

第四十条 企业编制、对外提供虚假的或者隐瞒重要事实的财务会计报告，构成犯罪的，依法追究刑事责任。

有前款行为，尚不构成犯罪的，由县级以上人民政府财政部门予以通报，对企业可以处5000元以上10万元以下的罚款；对直接负责的主管人员和其他直接责任人员，可以处3000元以上5万元以下的罚款；属于国家工作人员的，并依法给予撤职直至开除的行政处分或者纪律处分；对其中的会计人员，情节严重的，并由县级以上人民政府财政部门吊销会计从业资格证书。

第四十一条 授意、指使、强令会计机构、会计人员及其他人员编制、对外提供虚假的或者隐瞒重要事实的财务会计报告，或者隐匿、故意销毁依法应当保存的财务会计报告，构成犯罪的，依法追究刑事责任；尚不构成犯罪的，可以处5000元以上5万元以下的罚款；属于国家工作人员的，并依法给予降级、撤职、开除的行政处分或者纪律处分。

第四十二条 违反本条例的规定，要求企业向其提供部分或者全部财务会计报告及其有关数据的，由县级以上人民政府责令改正。

第四十三条 违反本条例规定，同时违反其他法律、行政法规规定的，由有关部门在各自的职权范围内依法给予处罚。

第六章 附则

第四十四条 国务院财政部门可以根据本条例的规定，制定财务会计报告的具体编报办法。

第四十五条 不对外筹集资金、经营规模较小的企业编制和对外提供财务会计报告的办法，由国务院财政部门根据本条例的原则另行规定。

第四十六条 本条例自2001年1月1日起施行。

附录七　监察部国家经贸委全国总工会关于印发《关于国有企业实行业务招待费使用情况等重要事项向职代会报告制度的规定》的通知

监发〔1998〕4 号

各省、自治区、直辖市人民政府，国务院各部委、各直属机构：

现将《关于国有企业实行业务招待费使用情况等重要事项向职代会报告制度的规定》印发给你们，请结合各地、各部门的实际情况，认真组织落实。

附：《关于国有企业实行业务招待费使用情况等重要事项向职代会报告制度的规定》

监察部

国家经贸委

全国总工会

一九九八年十一月十日

第一条　为完善国有企业的民主管理制度，加强民主监督，促进国有企业的改革和发展，维护企业和职工的合法权益，制定本规定。

第二条　国有企业领导人员应当向职代会报告下列重要事项：

（一）业务招待费使用情况；

（二）个人廉洁自律情况；

（三）与职工切身利益直接有关的事项。

第三条　业务招待费是指企业在生产经营过程中用于必要招待的各项费用。

报告业务招待费使用情况应当包括：业务招待费全年核定额和实际支出额以及主要开支项目，开支是否符合制度、手续是否完备以及其他需要说明的情况。

第四条　报告个人廉洁自律情况应当包括：本人收入，住房、购房、装修住房，电话费开支，使用公车，出差出国（境）费用支出，购买本企业内部职工股以及为配偶、子女经商办企业提供便利条件等情况。

第五条　报告与职工切身利益直接有关的事项应当包括：企业兼并、出租、破产、拍卖、用工、裁员、职工下岗分流和再就业、工资分配、住房分配、保险福利、劳动保护等事项。

第六条　国有企业领导人员应当每年向职代会报告一次上述重要事项。需要及时向职代会报告的，在职代会闭会期间可以向职工代表团（组）长和专门小组负责人联席会议报告，由联席会议协商处理。

第七条　未建立职代会和通过其他形式实行民主管理的国有企业，由国有企业领导人员向工会会员代表大会或者职工代表会议报告并听取代表的意见。

第八条　职代会可以根据需要成立审核小组，负责对报告的事项进行审核并向职代会报告审核情况；职代会应当对报告的事项进行审议并提出意见，对企业裁员、工资、福利等涉及职工切身利益的事项依法作出决定。

第九条　国有企业领导人员应当根据职代会提出的意见或作出的决定，针对存在的问题提出改进措施并向职代会报告改进情况。

第十条　国有企业领导干部管理部门应当将国有企业领导人员执行本规定的情况列入对其考核的内容，考核结果作为对其任免、奖惩的依据。

第十一条 国有企业上级党组织、工会组织，国有企业领导干部管理部门和纪检监察机关应当按照各自职权对本规定执行情况进行监督检查。

第十二条 国有企业领导人员不按规定报告或者不据实报告的，由有关部门督促其改正，并视情节轻重，给予批评教育直至纪律处分。

第十三条 本规定由监察部、国家经贸委、全国总工会负责解释。

第十四条 本规定自发布之日起施行。1995年5月17日监察部、国家经贸委、全国总工会发布的《关于国有企业实行业务招待费使用情况向职代会报告制度的规定》中的规定与本规定不一致的，依照本规定执行。

附录八 《企业信息公示暂行条例》

中华人民共和国国务院令 第654号

《企业信息公示暂行条例》已经2014年7月23日国务院第57次常务会议通过，现予公布，自2014年10月1日起施行。

总理 李克强
二〇一四年八月七日

第一条 为了保障公平竞争，促进企业诚信自律，规范企业信息公示，强化企业信用约束，维护交易安全，提高政府监管效能，扩大社会监督，制定本条例。

第二条 本条例所称企业信息，是指在工商行政管理部门登记的企业从事生产经营活动过程中形成的信息，以及政府部门在履行职责过程中产生的能够反映企业状况的信息。

第三条 企业信息公示应当真实、及时。公示的企业信息涉及国家秘密、国家安全或者社会公共利益的，应当报请主管的保密行政管理部门或者国家安全机关批准。县级以上地方人民政府有关部门公示的企业信息涉及企业商业秘密或者个人隐私的，应当报请上级主管部门批准。

第四条 省、自治区、直辖市人民政府领导本行政区域的企业信息公示工作，按照国家社会信用信息平台建设的总体要求，推动本行政区域企业信用信息公示系统的建设。

第五条 国务院工商行政管理部门推进、监督企业信息公示工作，组织企业信用信息公示系统的建设。国务院其他有关部门依照本条例规定做好企业信息公示相关工作。

县级以上地方人民政府有关部门依照本条例规定做好企业信息公示工作。

第六条 工商行政管理部门应当通过企业信用信息公示系统，公示其在履行职责过程中产生的下列企业信息：

（一）注册登记、备案信息；

（二）动产抵押登记信息；

（三）股权出质登记信息；

（四）行政处罚信息；

（五）其他依法应当公示的信息。

前款规定的企业信息应当自产生之日起20个工作日内予以公示。

第七条 工商行政管理部门以外的其他政府部门（以下简称其他政府部门）应当公示其在履行职责过程中产生的下列企业信息：

（一）行政许可准予、变更、延续信息；

（二）行政处罚信息；

（三）其他依法应当公示的信息。

其他政府部门可以通过企业信用信息公示系统，也可以通过其他系统公示前款规定的企业信息。工商行政管理部门和其他政府部门应当按照国家社会信用信息平台建设的总体要求，实现企业信息的互联共享。

第八条 企业应当于每年1月1日至6月30日，通过企业信用信息公示系统向工商行政管理部门报送上一年度年度报告，并向社会公示。

当年设立登记的企业，自下一年起报送并公示年度报告。

第九条 企业年度报告内容包括：

（一）企业通信地址、邮政编码、联系电话、电子邮箱等信息；

（二）企业开业、歇业、清算等存续状态信息；

（三）企业投资设立企业、购买股权信息；

（四）企业为有限责任公司或者股份有限公司的，其股东或者发起人认缴和实缴的出资额、出资时间、出资方式等信息；

（五）有限责任公司股东股权转让等股权变更信息；

（六）企业网站以及从事网络经营的网店的名称、网址等信息；

（七）企业从业人数、资产总额、负债总额、对外提供保证担保、所有者权益合计、营业总收入、主营业务收入、利润总额、净利润、纳税总额信息。

前款第一项至第六项规定的信息应当向社会公示，第七项规定的信息由企业选择是否向社会公示。

经企业同意，公民、法人或者其他组织可以查询企业选择不公示的信息。

第十条 企业应当自下列信息形成之日起 20 个工作日内通过企业信用信息公示系统向社会公示：

（一）有限责任公司股东或者股份有限公司发起人认缴和实缴的出资额、出资时间、出资方式等信息；

（二）有限责任公司股东股权转让等股权变更信息；

（三）行政许可取得、变更、延续信息；

（四）知识产权出质登记信息；

（五）受到行政处罚的信息；

（六）其他依法应当公示的信息。

工商行政管理部门发现企业未依照前款规定履行公示义务的，应当责令其限期履行。

第十一条 政府部门和企业分别对其公示信息的真实性、及时性负责。

第十二条 政府部门发现其公示的信息不准确的，应当及时更正。公民、法人或者其他组织有证据证明政府部门公示的信息不准确的，有权要求该政府部门予以更正。

企业发现其公示的信息不准确的，应当及时更正；但是，企业年度报告公示信息的更正应当在每年 6 月 30 日之前完成。更正前后的信息应当同时公示。

第十三条　公民、法人或者其他组织发现企业公示的信息虚假的，可以向工商行政管理部门举报，接到举报的工商行政管理部门应当自接到举报材料之日起 20 个工作日内进行核查，予以处理，并将处理情况书面告知举报人。

公民、法人或者其他组织对依照本条例规定公示的企业信息有疑问的，可以向政府部门申请查询，收到查询申请的政府部门应当自收到申请之日起 20 个工作日内书面答复申请人。

第十四条　国务院工商行政管理部门和省、自治区、直辖市人民政府工商行政管理部门应当按照公平规范的要求，根据企业注册号等随机摇号，确定抽查的企业，组织对企业公示信息的情况进行检查。

工商行政管理部门抽查企业公示的信息，可以采取书面检查、实地核查、网络监测等方式。工商行政管理部门抽查企业公示的信息，可以委托会计师事务所、税务师事务所、律师事务所等专业机构开展相关工作，并依法利用其他政府部门作出的检查、核查结果或者专业机构作出的专业结论。

抽查结果由工商行政管理部门通过企业信用信息公示系统向社会公布。

第十五条　工商行政管理部门对企业公示的信息依法开展抽查或者根据举报进行核查，企业应当配合，接受询问调查，如实反映情况，提供相关材料。

对不予配合情节严重的企业，工商行政管理部门应当通过企业信用信息公示系统公示。

第十六条　任何公民、法人或者其他组织不得非法修改公示的企业信息，不得非法获取企业信息。

第十七条　有下列情形之一的，由县级以上工商行政管理部门列入经营异常名录，通过企业信用信息公示系统向社会公示，提醒其履行公示义务；情节严重的，由有关主管部门依照有关法律、行政法规规定给予行政处罚；造成他人损失的，依法承担赔偿责任；构成犯罪的，依法追究刑事责任：

（一）企业未按照本条例规定的期限公示年度报告或者未按照工商行政管理部门责令的期限公示有关企业信息的；

（二）企业公示信息隐瞒真实情况、弄虚作假的。

被列入经营异常名录的企业依照本条例规定履行公示义务的，由县级以上工商行政管理部门移出经营异常名录；满3年未依照本条例规定履行公示义务的，由国务院工商行政管理部门或者省、自治区、直辖市人民政府工商行政管理部门列入严重违法企业名单，并通过企业信用信息公示系统向社会公示。被列入严重违法企业名单的企业的法定代表人、负责人，3年内不得担任其他企业的法定代表人、负责人。

企业自被列入严重违法企业名单之日起满5年未再发生第一款规定情形的，由国务院工商行政管理部门或者省、自治区、直辖市人民政府工商行政管理部门移出严重违法企业名单。

第十八条 县级以上地方人民政府及其有关部门应当建立健全信用约束机制，在政府采购、工程招投标、国有土地出让、授予荣誉称号等工作中，将企业信息作为重要考量因素，对被列入经营异常名录或者严重违法企业名单的企业依法予以限制或者禁入。

第十九条 政府部门未依照本条例规定履行职责的，由监察机关、上一级政府部门责令改正；情节严重的，对负有责任的主管人员和其他直接责任人员依法给予处分；构成犯罪的，依法追究刑事责任。

第二十条 非法修改公示的企业信息，或者非法获取企业信息的，依照有关法律、行政法规规定追究法律责任。

第二十一条 公民、法人或者其他组织认为政府部门在企业信息公示工作中的具体行政行为侵犯其合法权益的，可以依法申请行政复议或者提起行政诉讼。

第二十二条 企业依照本条例规定公示信息，不免除其依照其他有关法律、行政法规规定公示信息的义务。

第二十三条　法律、法规授权的具有管理公共事务职能的组织公示企业信息适用本条例关于政府部门公示企业信息的规定。

第二十四条　国务院工商行政管理部门负责制定企业信用信息公示系统的技术规范。

个体工商户、农民专业合作社信息公示的具体办法由国务院工商行政管理部门另行制定。

第二十五条　本条例自 2014 年 10 月 1 日起施行。

参考文献

一 专著

1. 黄速建：《中国国有企业改革与发展研究》，经济管理出版社 2007 年版。

2. 吕政、黄速建等：《中国国有企业改革 30 年研究》，经济管理出版社 2008 年版。

3. 沈志渔、罗仲伟等：《21 世纪初国有企业发展和改革》，经济管理出版社 2005 年版。

4. 余菁等：《国有企业公司治理问题研究：目标、治理与绩效》，经济管理出版社 2009 年版。

5. 黄群慧：《国有企业管理现状分析》，经济管理出版社 2002 年版。

6. 黄群慧：《企业家的激励约束与国有企业改革》，中国人民大学出版社 2000 年版。

7. 郭媛媛：《公开与透明：国有大企业信息披露制度研究》，经济管理出版社 2012 年版。

8. 宁向东：《中国公司治理理论》，中国发展出版社 2005 年版。

9. 经济合作与发展组织：《国有企业公司治理：对 OECD 成员国的调查》，李兆熙、谢晖译，中国财政经济出版社 2008 年版。

10. 经济合作与发展组织：《OECD 国有企业公司治理指引》，李兆熙译，中国财政经济出版社 2008 年版。

11. 王雄元：《上市公司信息披露策略研究》，中国财政经济出版社

2008 年版。

12. 上海证券交易所研究中心：《中国公司治理报告（2008）：透明度与信息披露》，复旦大学出版社 2008 年版。

13. ［美］R．爱德华·弗里曼、乔治·恩德勒：《战略管理——利益相关者方法》，王彦华、梁豪译，上海译文出版社 2006 年版。

14. 祁敬宇主编：《金融监管学》，西安交通大学出版社 2007 年版。

15. 马费成：《信息管理学基础》，武汉大学出版社 2008 年版。

16. 石英华：《政府财务信息披露研究》，中国财政经济出版社 2006 年版。

17. 齐斌：《证券市场信息披露法律监管》，法律出版社 2000 年版。

18. 张学森、张伟弟主编：《证券法原理与实务》，经济科学出版社 1999 年版。

二　论文

19. 马洪：《关于改革工业企业领导管理制度的探讨》，《企业领导制度研究》（论文集），经济科学出版社 1984 年版。

20. 蒋一苇：《论社会主义的领导体制》，载《企业领导制度研究》（论文集），经济科学出版社 1984 年版。

21. 吴家骏：《论列宁的一长制与党对企业的领导》，载《企业领导制度研究》（论文集），经济科学出版社 1984 年版。

22. 郑庆江、吕卓瑞：《国企构建公司法人治理结构的现状及完善对策》，《山东社会科学》2000 年第 3 期。

23. 郑海航：《企业领导制度研究》，载《中国企业制度改革研究》（文集），经济管理出版社 1993 年版。

24. 苏雪峰：《创业板上市公司信息披露框架的构建》，《商业会计》2013 年第 12 期。

25. 贾秋菊：《上市公司会计信息披露存在的问题及建议》，《企业导报》2010 年 12 月下。

26. 陈榕：《上市公司信息披露制度的理论基础》，《市场周刊·理论研究》2006 年第 12 月号下期。

27. 王献锋：《建立信息披露制度　完善国企监督机制》，《中国审计》2005 年第 22 期。

28. 杨时展：《审计的基本概念》，《财会探索》1990 年第 2 期。

29. 夏冬林：《充分披露、完全信息与国有企业会计监督》，《会计研究》2002 年第 11 期。

30. 何顺文、李元莎：《国有企业深层改革应重视信息披露提升》，《财政监督》2006 年第 2 期。

31. 董志强：《公司治理的逻辑与国有企业董事会改革》，《董事会》2008 年第 4 期。

32. 黄速建：《国有企业改革的实践演进与经验分析》，《经济与管理研究》2008 年第 10 期。

33. 余菁：《走出国有企业理论纷争的丛林：一个关于国有企业目标、绩效和治理问题的综合分析》，《中国工业经济》2008 年第 1 期。

34. 黄速建、余菁：《中国国有企业治理转型》，《经济管理》2008 年第 21 期。

35. 沈志渔、缪荣：《企业制度改革三十年：回顾与展望》，《首都经济贸易大学学报》2008 年第 6 期。

36. 杨郊红：《我国上市公司信息披露制度变迁的方向》，《财经月刊》2005 年第 4 期。

37. 巩玉娟、季韩波：《从我国信息披露制度的变迁看其新趋势》，《经济论坛》2007 年第 16 期。

38. 高伟彦、张春霖：《国外如何管理国有企业》，《工业审计》2003 年第 3 期。

39. 陈甦、吕明瑜：《论上市公司信息公开的基本原则》，《中国法学》2002 年第 6 期。

40. 陈汉文、夏文贤、黎代福：《受托责任、信息披露与规则安排——公司治理、受托责任与审计委员会制度》（上），《财会通讯》2003 年第 12 期。

41. 陈汉文、夏文贤、黎代福：《受托责任、信息披露与规则安排——公司治理、受托责任与审计委员会制度》（下），《财会通讯》2004 年第 1 期。

42. 王化成、陈晋平：《上市公司收购的信息披露——披露哲学、监管思路和制度缺陷》，《管理世界》2007 年第 10 期。

43. 郭媛媛：《中央企业信息披露的制度重构：国际经验及启示》，《改革》2009 年第 11 期。

44. 郭媛媛、周伟贤：《国有企业信息披露制度的国际比较和启示》，《未来与发展》2010 年第 4 期。

45. 郭媛媛：《国有大企业信息披露现状及问题研究》，《中国物价》2011 年第 11 期。

46. 郭媛媛：《国有企业公司治理现存问题及对策研究》，《中国物价》2013 年第 7 期。

47. 郭媛媛：《国有企业外部董事制度实践：历程回顾与存在的问题》，《中国物价》2013 年第 5 期。

48. 钱岩松：《国有企业公司治理比较研究》，《财贸研究》2009 年第 1 期。

49. 宋文阁：《国家出资企业财务信息公开披露管理研究》，《国有资产管理》2009 年第 3 期。

50. 綦好东、王斌、王金磊：《非上市国有企业信息公开披露：逻辑与事实》，《会计研究》2013 年第 7 期。

51. 綦好东、黄跃群：《我国非上市国有企业信息披露公开披露：现状分析与制度设计》，《管理世界》2009 年第 2 期。

三　年会论文

52. 孔玉生、苗晴、宋文阁：《试论国有企业财务信息公开披露管理》，"建设服务型政府的理论与实践"研讨会暨中国行政管理学

2008 年年会。

四　报纸文章

53. 高伟彦、张春霖：《国外管理国有企业的经验借鉴》，《经济日报》
　　2004 年 8 月 31 日。

54. 高西庆：《证券市场强制性信息披露制度的理论根据》，《深圳证
　　券市场导报》1996 年 10 月 4 日第 17 版。

五　学位论文

55. 潘清：《我国国有企业治理结构存的问题与改革思路》，硕士学位
　　论文，福建师范大学，2006 年。

56. 梁鑫贵：《国有企业监管和信息披露探讨》，硕士学位论文，上海
　　财经大学，2003 年。

57. 汪炜：《信息披露、透明度与资本市场效率》，博士学位论文，浙
　　江大学，2005 年。

58. 陈锦：《我国商业银行信息披露监管研究》，博士学位论文，西南
　　财经大学，2008 年。

59. 张婧：《新加坡国有企业公司治理模式研究》，硕士学位论文，厦
　　门大学，2009 年。

60. 钟雪雯：《国有企业信息披露法律制度研究》，硕士学位论文，中
　　国政法大学，2011 年。

61. 梁云生：《上市公司信息披露制度的理论基础》，硕士学位论文，
　　西南政法大学，2005 年。

62. 应飞虎：《信息失灵的制度克服研究》，博士学位论文，西南政法
　　大学，2002 年。

63. 蔡志岳：《中国上市公司信息披露违规的动因、市场反应与预警
　　研究》，博士学位论文，厦门大学，2007 年。

64. 陶明：《基于公司治理视角的上市公司信息披露违规研究》，硕士学位论文，江苏大学，2008 年。

65. 谢清喜：《我国上市公司信息披露的有效性研究》，博士学位论文，复旦大学，2005 年。

66. 刘勤：《中国上市公司信息披露监管的系统研究》，博士学位论文，同济大学，2006 年。

67. 杨美丽：《公司治理中的会计信息披露问题研究》，博士学位论文，山东农业大学，2006 年。

68. 余芸春：《上市公司信息披露制度研究》，博士学位论文，中国社会科学院研究生院，2003 年。

六　网站

69. 夏炳军：《瑞典国有企业调研报告》，中华人民共和国商务部网站，2007 年。

70. 瑞典国有资产管理局，http：//naring. regeringen. se/inenglish/areas of /state owned/news. htm#Coming。

71. 张军：《非上市国有企业信息披露制度研究》，重庆谛威网（ht-tp：//www. dwcpa. com. cn/），2008 年 12 月 4 日。

72. 奥地利 OIAG 网站，http：//www. oiag. net/english/oiag/geschaefts-bericht. shtm。

73. 澳大利亚政府网站，http：//www. finance. gov. au/publications/gov-ernance-arrangements/index. html。

七　管理办法

74. 中国证券监督管理委员会：《上市公司信息披露管理办法》，2007 年 1 月 30 日。